For Mary Ann
from the nice german
boy

Thomas

October 1996

Germany Allemagne Schönes Deutschland

Rainer Kiedrowski (Fotos) • Gert Koshofer (Texte)

unter Mitarbeit von Nils Koshofer

BASSERMANN

Die Deutsche Bibliothek – CIP-Einheitsaufnahme

Schönes Deutschland = Germany / von Rainer Kiedrowski (Fotos) und Gert Koshofer (Texte). Übers. von Kim Becker (engl.) und Agnès Picard. – Niedernhausen/Ts. : Bassermann, 1995
    ISBN 3-8094-0184-6
NE: Kiedrowski, Rainer; Koshofer, Gert

ISBN 3 8094 0184 6

Umschlaggestaltung: Andreas Jacobsen
Titelbild: Tony Stone Images Stephen Shold, München
Fotos: Rainer Kiedroswki, Nils Koshofer, Gert Koshofer
Aufmacher-Fotos, S. 8/9: Leuchtturm auf Westerhever; Hafen Greetsiel; Hage. / The Westerhever lighthouse; The Greetsiel harbour; Hage. / Phare sur Westerhever; Le port de Greetsiel; Hage.
S. 28/29: Stade im Alten Land; Storchennest in Mecklenburg; Obst aus dem Alten Land; der Bremer Roland. / Stade in the Altes Land; stork nest in Mecklenburg; fruit from the Altes Land; Roland of Bremen. / La ville de Stade dans la région Altes Land; nid de sigognes à Mecklembourg; fruits du Altes Land; le Roland de Breme.
S. 48/49: Das Brandenburger Tor; Potsdamer Schloß Sanssouci; Berliner Leierkastenmann; Wannsee. / The brandenburg Gate; Potsdam palace Sanssouci; Berlin organ-grinder; the Wannsee. / La porte de Brandebourg; château Sanssouci à Potsdam; joueur de Barberie berlinois; le Wannsee.
S. 70/71: Der Quedlinburger Schloßberg. / The Quedlinburg castle hill. / Montagne couronnée du château de Quedlinburg.
S. 86/87: Freilichtmuseum Detmold; Holland: Windmühlen und Holzschuhe; The open-air museum in Detmold; Holland: windmills and wooden clogs. / «Freilichtmuseum», musée de Detmold; Holland: les moulins à vent et les sabots.
S. 100/101: Köln: Römisch-Germanisches Museum und Dom. / Cologne: the Roman-Germanic Museum and the cathedral. / Cologne: Musée Romano-Germanique et la cathedrale.
S. 116/117: Dom in Limburg an der Lahn; Gebrüder Grimm in Hanau; im Taunus; in der Fuldarer Kirche St. Michael. / The cathedral in Limburg (Lahn); the Grimm brothers' monument in Hanau; in the Taunus area; in the Fulda church of St. Michael. / La cathédrale de Limbourg sur le Lahn; le monument d'Hanau des freres Grimm; dans le Taunus; L'eglise de St. Michael de Fulda
S. 132/133: Thüringer Wald; Luther-Denkmal in Eisenach; Bach-Denkmal in Eisenach und Goethe/Schiller-Denkmal in Weimar. / Thuringian forest; Luther monument in Eisenach; Bach monument in Eisenach and Goethe/Schiller monument in Weimar. / La foret de Thuringe; le monument d'Eisenach de Luther; le monument de Bach à Eisenach; le monument de Goethe/Schiller à Weimar.
S. 148/149: Meersburg mit Saale, Schloß und Dom; Lutherdenkmal in Eisleben; Wittenberger Schloßkirche; das Grab Luthers in Wittenberg. / Meersburg and the river Saale; palace and cathedral; Luther monument in Eisleben; The Wittenberg castle church; Luther's grave in Wittenberg. / Meersburg au bord de la Saale; le monument de Luther situé à Eisleben; L'èglise du chateau de Wittenberg; la tombe de Luther à Wittenberg.
S. 162/163: Semper-Oper in Dresden; Standbild August des Starken in Dresden; Meißner Porzellanvase; Oberwiesental. / Semper opera house in Dresden; statue of August the Strong in Dresden; Meißen porcelain vase; Oberwiesental. / L'opéra de Semper à Dresde; la statue d'Auguste le Gros Dresde; un vase en porcelaine de Meißen; Oberwiesental.
S. 182/183: St. Goarshausen am Rhein; Weinlesefest in Neustadt; Riesling-Rebe; Weinkellerei Edenkoben. / St. Goarshausen on the Rhine; wine festival in Neustadt; Riesling vine; wine cellar in Edenkoben. / St. Goarshausen au bord du Rhin; vendange à Neustadt; vigne de Riesling; cave à Edenkoben.
S. 200/201: Alte Brücke und Schloß in Heidelberg; Bad Herrenalb; Ulm; Altes Schloß in Stuttgart. / Alte Brücke (Old Bridge) and castle in Heidelberg; Bad Herrenalb; Ulm; Stuttgart's Altes Schloß (Old Palace). / Vieux Pont et château à Heidelberg; Bad Herrenalb; Ulm; Vieux Chàteau de Stuttgart.
S. 218/219: Rothenburg ob der Tauber; der Schäfflertanz in Aub (Romantische Straße); Weinberg bei Volkach. / Rothenburg ob der Tauber; the "Schäfflertanz" in Aub (Romantic Route); vineyard near Volkach. / Rothembourg sur la Tauber; la danse des tonneliers à Aub (Route Romantique); Weinberg près de Volkach
S. 230/231: München: Nationaltheater; Bavaria-Standbild an der Theresienwiese, der bayrische Löwe (Feldherrnhalle). / Munich: National Theatre; Bavaria statue on the Theresienwiese; the Bavarian lion (Feldherrnhalle). / Munich: le Théatre national; la statue de la Bavière «Bavaria» sur le Prè de Thérése «Theresienwiese», le lion de Bavière (Feldherrnhalle).
S. 244/245: St. Bartholomä am Königssee; Oberbayrischer Bauernhof; Bauer in Allgäuer Tracht. / St. Bartholomew on the Königssee; an upper Bavarian farm; farmer in Allgäu costumes. / St. Bartholomé au bord du Königssee; une ferme de haute Bavière; paysan en costume folklorique de l'Algäu.
Karte S. 7: Philipp von Cannstein, Meerbusch
Layout: Silvia Pohlmann
Übersetzungen: Kim Becker (engl.), Agnès Picard (franz.)
Redaktion: Dr. Petra Begemann / Sylvia Winnewisser
Herstellung: Erik Schüssler

Satz: Grunewald Satz & Repro GmbH, Kassel
Gesamtkonzeption: Bassermann'sche Verlagsbuchhandlung, D-65527 Niedernhausen/Ts.

817 2635 4453 62

Vorwort

Von den Inseln Sylt in der Nordsee und Rügen in der Ostsee bis zum Bodensee und zu den alpinen Gipfeln der Zugspitze und des Watzmanns, an neun Nachbarländer angrenzend, bietet das wiedervereinigte Deutschland ein an landschaftlichen Formen und an geschichtsträchtigen, aber auch modernen Städten abwechslungsreiches Bild wie kaum ein anderes Land in Europa. Die Fotografen dieses Bandes haben seine ausgewählten Schönheiten in 15 Kapiteln vom flachen Norden bis zum bergigen Süden, vom dichtbesiedelten Westen bis zum im Wiederaufbau befindlichen Osten festgehalten. Ganz besonders haben sie sich dabei der neuen Bundesländer angenommen, deren Reiseziele es

für viele Leser noch zu entdecken gilt – auch in Deutschland soll man sich gegenseitig kennenlernen und die vielfältigen Schönheiten genießen. Verlag und Autoren möchten daher dazu beitragen, Deutschland mit seinen Küsten, Tiefebenen, Wasserläufen und Seen, Mittel- und Hochgebirgen, mit seinen malerischen Dörfern und beeindruckenden Großstädten durch das geschulte, aber auch liebevolle Auge der Kamera kennenzulernen. Es gilt, eine Reise zu machen durch die eigene Heimat und durch das Land im Herzen Europas, das sich heute als Bindeglied zwischen West und Ost versteht.
So soll dieses Buch ein informierender und anregender Begleiter auf einer visuellen Rundreise durch die deutschen Regionen sein, die hier weniger nach den Staatsgebilden der 16 Bundesländer als vielmehr nach übergreifenden oder ge-

meinsamen landschaftlichen oder kulturhistorischen Merkmalen zusammengestellt wurden. Über seine inneren politischen Grenzen hinweg bietet Deutschland Landstriche mit typischen geographischen Charakteren, von der Marschlandschaft in Küstennähe über Weinanbaugebiete bis zum seenreichen Voralpenland. Die Großstädte – nicht nur die Landeshauptstädte – sind pulsierende Zentren mit reichem Kulturleben. Die neue Bundeshauptstadt Berlin weist nach der hier besonders tragisch empfundenen Teilung Deutschlands mit Optimismus und Aufbauleistungen in die Zukunft.

Preface

Reunited Germany, surrounded by nine countries, offers more varying landscapes and historical as well as modern towns than hardly any other European country: from the Sylt island in the North Sea and the Rügen island in the Baltic, to Lake Constance and the alpine summits of the Zugspitze and the Watzmann. The photographers have captured a selection of Germany's most beautiful localities in 15 chapters which cover the areas between the flat north and the mountainous south, and those between the densely populated west and the east which is in the process of development. The new states occupy a special place, as their beauty is still unknown by many readers – it is important that everyone gets to know each other and enjoys the abundant attractions. Through the trained, but caring eye of a camera, the publishers and authors would therefore like to make their contribution to the discovery of Germany and its coasts, lowlands, waterways and lakes, its sub-alpine mountains and highlands with their picturesque villages and impressive cities. This means going on a journey through the homelands and the country in the heart of Europe that considers itself to be the

link between east and west. This book is compiled according to coinciding or mutual criteria regarding the landscapes or historical and cultural features of the sixteen states, rather than their geographical position and should, therefore, be an informing and stimulating companion on a visual tour through the German regions. Despite

the inner, political borders, Germany boasts landscapes with typical, geographical characteristics reaching from the marsh landscapes near the coast, through winegrowing areas to the alpine forelands full of lakes. The cities – not just the state capitals – are pulsating cultural centres. Following Germany's tragic division, the new federal capital of Berlin points to the future with optimism and the successes in the development of trade.

Préface

L'Allemagne réunifiée qui s'étend des îles de Sylt dans la mer du Nord et de Rügen dans la mer Baltique, au lac de Constance et aux sommets alpins du Zugspitze et du Watzmann, en longeant neuf pays limitrophes, offre comme aucun autre pays européen un tableau varié d'une grande diversité de paysages et de villes au patrimoine historique considérable ainsi que de métropoles modernes. Les photographes de ce livre ont immortalisé dans 15 chapitres un échantillon de ses splendeurs, en survolant le territoire s'étendant de la platitude du Nord aux sommets du Sud, de l'Ouest à forte densité de population jusqu'à l'Est, actuellement en reconstruction. Ils se sont

particulièrement appliqués en ce qui concerne les nouveaux Länder (Etats), dont les buts touristiques sont encore inconnus de nombreux lecteurs – l'objectif est de se connaître mutuellement au sein même de l'Allemagne et de jouir des nombreuses splendeurs. La maison d'édition et ses auteurs se sont, pour cette raison, fixés pour but de présenter à travers l'œil professionnel mais toutefois chaleureux de l'appareil photographique, l'Allemagne et ses côtes, ses basses plaines, ses cours d'eau et lacs, ses moyennes et hautes montagnes, ses villages pittoresques et grandes villes impressionnantes. L'objectif est de faire un voyage à travers la patrie et le pays situé au cœur de l'Europe, qui assume aujourd'hui le rôle de lien entre l'ouest et l'est.
Ce livre accompagnera le lecteur de manière informative et captivante tout au long d'un tour d'horizon visuel au travers des régions allemandes, pas tant regroupées d'après la structure fédérale des 16 Länder, mais plutôt selon des caractéristiques globales ou communes relatives au paysage ou à l'histoire culturelle. L'Alle-

magne offre, au delà de ses frontières politiques, des contrées aux caractéristiques géographiques particulières, allant du paysage de la région côtière basse sur la mer du Nord, aux domaines viticoles, pour aboutir aux Préalpes, riches en lacs. Les grandes villes – pas seulement les capitales des Länder – sont des centres trépidants dont la vie culturelle est intensive. Après la division de l'Allemagne, ressentie ici de manière particulièrement tragique, Berlin, la jeune capitale de l'Etat fédéral, affronte l'avenir avec un mélange d'optimisme.

Inhalt / Contents / Contenu

DER HOHE NORDEN

Küstenlandschaften und Inseleindrücke

Coastal landscapes and island impressions

Paysages de la côte – îles et leurs impressions

Küstenlandschaften und Inseleindrücke

Coastal landscapes and island impressions

Paysages de la côte – îles et leurs impressions

D

Norddeutschlands Lage zwischen zwei Meeren, der Nord- und der Ostsee, hat den Bundesländern Niedersachsen, Bremen, dem von beiden Meeren umspülten Schleswig-Holstein und Mecklenburg-Vorpommern eine abwechslungsreiche Landschaft beschert: Weite Sandstrände auf den ost- und nordfriesischen Inseln sowie den Ostseeinseln Hiddensee, Rügen und Usedom und an den Buchten des Festlandes sind Anziehungspunkt für zahlreiche Feriengäste. Strände lösen sich ab mit bis an die Ufer reichenden Wäldern, farbenprächtigen Städten mit historischen Bürgerhäusern und malerischen Häfen.

Das Rot der Leuchttürme und der Backsteinbauten in den Hansestädten kontrastiert mit dem saftigen Grün ausgedehnter Wiesen und Viehweiden. Die weißen Felsen auf Rügen und die roten auf Helgoland faszinieren jeden Besucher.

Ausflügler mit dem Auto können die Region zwischen Leer und der dänischen Grenze auf der „Grünen Küstenstraße" erschließen. Die „Nordstraße" und „Ostsee-Bäderstraße" führen von Flensburg über Kiel und Lübeck bis zur Insel Usedom.

Bedeutende Kirchen wie der Ratzeburger Dom und das Doberaner Münster, Museen wie das Buddenbrook-Haus in Lübeck und Schlösser wie Glücksburg und Jever erbauen den Besucher. Kleinbahnen wie die „Molli" in Bad Doberan und Ausflugsschiffe erfreuen jung und alt.

GB

Being situated between two oceans (the North Sea and the Baltic Sea) has bestowed a variety of landscapes upon the north German federal states of Lower Saxony, Bremen, Schleswig-Holstein and Mecklenburg-Western Pomerania: on the East Friesland and North Friesland islands, the Isles of Hiddensee, Rügen and Usedom and in the mainland bays long sandy beaches are the centre of attraction for numerous holiday-makers. Beaches merge into forests which reach the shores, and into colourful towns with historical town houses and picturesque harbours.

The red of the lighthouses and of the brick buildings in the Hanseatic towns is a contrast to the juicy green of the meadows and pastures. The white cliffs on the Isle of Rügen and the red cliffs on Helgoland fascinate every tourist.

Motorised tourists can explore the region between Leer and the Danish border along the "Green Coastline". The "North Route" and the "Baltic Seaside Route" lead from Flensburg through Kiel and Lübeck to the island Usedom.

Significant churches like the Ratzeburger Dom and the Doberaner Münster, museums like the Buddenbrook-Haus in Lübeck and palaces like Glücksburg and Jever offer the historically interested tourist cultural attractions. Narrow-gauge railways, like "Molli" in Bad Doberan, and tourist boats delight young and old.

F

La position de l'Allemagne du Nord entre la mer du Nord et la Baltique, a contribué à la diversité du paysage des Länder de Basse-Saxe, Brême, Schleswig-Holstein et Mecklembourg-Poméranie occidentale. Les longues plages de sable des îles de la Frise orientale et du Nord, de la Baltique Hiddensee, Rügen et Usedom, celles dans les baies du continent sont un lieu d'attraction pour de nombreux vacanciers. Les plages font place aux forêts s'étendant jusqu'aux rivages, aux villes de couleurs splendides avec maisons bourgeoises historiques et ports pittoresques.

Le rouge des phares et des constructions en briques des villes hanséatiques contraste avec la verdure accueillante des vastes prairies et pâturages. Les falaises blanches de Rügen et les rouges d'Helgoland fascinent les visiteurs.

Les excursionnistes motorisés peuvent explorer la région entre Leer et la frontière danoise par la «route verte de la côte». La «route du Nord» et la «route des stations thermales de la Baltique» conduisent de Flensbourg à l'île d'Usedom par les villes de Kiel et Lübeck.

D'importantes églises telles que la cathédrale de Ratzeburg et de Doberan, des musées tels que la maison-Buddenbrook à Lübeck et des châteaux tels que ceux de Glücksburg et de Jever instruisent le visiteur d'histoire culturelle. Les petits trains tels que le «Molli» de Bad Doberan et les bateaux d'excursion font la joie des excursionnistes.

▬ **D** ▬

(Seite 10, links)
In Lütetsburg (Ostfriesland) wird
das traditionelle Handwerk des
Korbflechtens gepflegt.

(Mitte)
Das ehemalige Kloster von
Ribnitz-Damgarten beherbergt
ein Bernsteinmuseum.

(rechts)
Der Kapitän eines Ausflugs-
schiffs in Saßnitz (Rügen).

(Seite 11)
Der Kreidefelsen „Königsstuhl"
(119 m) auf der Insel Rügen.

▬ **GB** ▬

(page 10, left)
The traditional craft of basket-
weaving has been preserved in
Lütetsburg (East Friesland).

(centre)
The former monastery in Ribnitz-Damgarten havens an
amber museum.

(right)
The captain of a tourist boat in
Saßnitz (Rügen) invites to a trip.

(page 11)
The 119 m high chalk cliff
„Königsstuhl" (king's chair) on
the Isle of Rügen.

▬ **F** ▬

(page 10, gauche)
A Lütetsburg (Frise orientale),
on s' adonne à l'artisanat traditionnel de la vannerie.

(centre)
L'ancien cloître de Ribnitz-Damgarten (Mecklembourg Poméra-
nie occidentale) héberge un
musée voué à l'ambre.

(droite)
Le capitaine d'un bateau d'excursion de Saßnitz (Rügen).

(page 11)
La falaise de craie «Königsstuhl»
(chaise du roi, 119 m), sur l'île de
Rügen.

▲ 1　　　　　　　　　▼ 2　　　　　　　　　▼ 3

◀ 4   ▲ 5   ▼ 6

D

▶ **1** Der Leuchtturm am Pilsumer Watt, gegenüber von Borkum, belebt als kräftiger Farbtupfer die flache ostfriesische Landschaft.

▶ **2** Die schon im 9. Jahrhundert gegründete Handelsstadt Emden an der Mündung der Ems in den Dollart besitzt einen Industriehafen.

▶ **3** Nach den schweren Zerstörungen im zweiten Weltkrieg wurde auch das neue Rathaus von Emden (rechts) sorgfältig wiederaufgebaut.

▶ **4** Das Wattenmeer der Nordsee vor der ostfriesischen Küste bietet dem Wanderer beschauliche Sonnenuntergangsstimmungen.

▶ **5** Der Audienzsaal im Schloß von Jever besitzt eine künstlerisch wertvolle geschnitzte Renaissance-Decke aus Eichenholz.

▶ **6** Das im Jahre 1643 erbaute Haus Samson mit seiner barocken Tür ist eines der prächtigsten Bürgerhäuser in der Altstadt von Leer.

GB

▶ **1** The colourful lighthouse on the Pilsumer mud flats, opposite Borkum, brightens up the flat East Friesland landscape.

▶ **2** The 9th century town of Emden, where the Ems meets the Dollart, owns an industrial harbour.

▶ **3** The new town hall in Emden (right) has been carefully restored after having been badly damaged during World War II.

▶ **4** The shoals of the North Sea off the East Friesland coast offer hikers a reflective sunset atmosphere.

▶ **5** The reception-chamber in the Jever palace possesses an artistically valuable, carved renaissance oak ceiling.

▶ **6** Samson House, built in 1643, with its baroque door is one of the most magnificent town houses in the old town of Leer.

F

▶ **1** Le phare de l'estuaire de Pilsum, intensive tache de couleur en face de Borkum, anime le paysage plat de la Frise orientale.

▶ **2** La ville commerçante d'Emden, fondée dès le neuvième siècle à l'embouchure de l'Ems dans le golfe du Dollart, possède un port industriel.

▶ **3** Après les graves destructions de la Seconde Guerre mondiale, le nouvel hôtel de ville d'Emden (à droite) fut soigneusement reconstruit.

▶ **4** L'estuaire de la mer du Nord, en face de la côte de la Frise orientale, offre au voyageur des couchers de soleil enchanteurs.

▶ **5** La salle d'audience du château de Jever possède un plafond en chêne, de style Renaissance, finement ciselé, de grande valeur artistique.

▶ **6** La maison Samson, construite en 1643 est, avec sa porte en style baroque, une des maisons bourgeoises les plus splendides de la cité de Leer.

▲ 1

▼ 2

▼ 3

▼ 4

D

▶ **1** Auf der Insel Norderney befindet sich das älteste deutsche Nordseebad (1797), das Staatsbad König Georgs V. von Hannover.

▶ **2** Die vom Autoverkehr unberührte ostfriesische Insel Langeoog lädt ihre Besucher zum Wandern und zum Baden ohne vorgelagerte Buhnen (Steindämme) ein.

▶ **3** Das alte Inselhaus auf Spiekeroog ist eine der Sehenswürdigkeiten neben der von Pferden gezogenen Museumsbahn.

▶ **4** Die Strandpromenade der als Heilbad beliebten größten ostfriesischen Insel Borkum ziert ein kleiner Pavillon.

▶ **5** Auf der 17 km langen Nordseeinsel Juist sind ausgedehnte Strandwanderungen möglich – besonders reizvoll am Abend.

▶ **6** Die sauerstoffreiche, nur knapp 1 qkm große Insel Helgoland besitzt bizarre Felsklippen, in denen Vögel nisten.

GB

▶ **1** The oldest German North Sea resort (1797), the state resort of King Georg V of Hanover, can be found on the island of Norderney.

▶ **2** The East Friesland island Langeoog, which is free from cars, invites to walks and swimming without extended dams.

▶ **3** Besides the horse-drawn museum train, the old island house on Spiekeroog is also a sight-seeing attraction.

▶ **4** A small pavilion adorns the beach promenade of the largest East Friesland island of Borkum, a loved mineral bath resort.

▲ 5   ▼ 6

▶ **5** Long walks can be made along the 17 km long beaches on the North Sea island of Juist – most charming in the evening hours.

▶ **6** The island Helgoland (just 1 km²) with its fresh sea air has bizarre cliffs on which birds build their nest.

F

▶ **1** Sur l'île de Norderney se trouve la plus vieille station thermale allemande de la mer du Nord (1797), la station du roi George V. d'Hanovre.

▶ **2** L'île de Langeoog, en Frise orientale, privée de voitures, dépourvue de brise-lames et de digues rocheuses, invite à l'excursion et au bain.

▶ **3** La vieille maison sur l'île de Spiekeroog constitue, avec l'antique tramway tiré par des chevaux, l'une des curiosités.

▶ **4** La promenade sur la plage de la plus grande île de la Frise orientale Borkum, appréciée pour ses eaux minérales, est ornée d'un petit pavillon.

▶ **5** Sur l'île de la mer du Nord Juist, longue de 17 km, on peut faire de grandes excursions sur la plage – ce qui est particulièrement agréable le soir.

▶ **6** L'île d'Helgoland, riche en oxygène, dont la superficie ne dépasse pas 1 km², possède de bizarres récifs rocheux où les oiseaux font leur nid.

▲ 1

▼ 5

▲ 3

▼ 2

▼ 4

▶ **1** Die Kugelbake, ein historisches Orientierungszeichen für die Seeschiffahrt, ist ein Wahrzeichen von Cuxhaven.

▶ **2** Vor der Nikolaikirche am Alten Markt in Kiel steht die Plastik „Der Geistkämpfer" des Mecklenburger Bildhauers Ernst Barlach.

▶ **3** Ein großes Ereignis an der Ostseeküste sind die Segelregatten während der alljährlichen Kieler Woche.

▶ **4** Ein beliebter Ausflug führt von Cuxhaven bei Ebbe mit dem Pferdewagen durch das Watt zur Insel Neuwerk.

▶ **5** Über den Teich „Kleiner Kiel" hat man einen schönen Blick auf das Rathaus (links) und das Opernhaus von Kiel.

▶ **6** Die Feuerschiffe, schwimmende Leuchttürme – hier im Hafen von Wilhelmshaven –, sind inzwischen nicht mehr in Betrieb.

▶ **7** Hafen und Förde von Flensburg überragt die im 15. Jahrhundert vollendete gotische St.-Marien-Kirche.

▶ **1** The "Kugelbake" is a historical shipping orientation mark and one of Cuxhaven's landmarks.

▶ **2** The statue "The Spirit Fighter", one of the works of the Mecklenburg sculptor Ernest Barlach, stands in front of the Nikolaikirche at the "Alter Markt" (old marketplace) in Kiel.

▶ **3** The sailing regattas during the annual "Kieler Woche" (Kiel week) are great attractions along the Baltic coast.

▶ **4** A popular day-trip outing is driving by horse-drawn cart from Cuxhaven at low tide through the mud-flats to the island of Neuwerk.

▶ **5** From across the pond "Little Kiel" one has a lovely view of Kiel's town hall (left) and opera house.

▶ **6** The light-ships (swimming lighthouses) – here in the Wilhelmshaven harbour – are no longer in use.

▶ **7** The Gothic St.-Marien-Kirche, finished in the 15th century, rises over the Flensburg harbour and firth.

— F —

▶ **1** La balise Kugelbake, point d'orientation historique pour la navigation maritime, est un emblème de Cuxhaven.

▶ **2** Sur la vieille place du marché de Kiel, devant l'église Nicolas, se dresse la statue «Der Geistkämpfer» (Le combattant d'esprit) du sculpteur mecklembourgeois Ernst Barlach.

▶ **3** Les régates de bateaux à voiles constituent, durant la semaine annuelle de Kiel, un événement important sur la côte de la mer Baltique.

▶ **4** Populaire est l'excursion en voitures à chevaux qui mène, par la plage à marée basse, de Cuxhaven près d'Ebbe vers l'île de Neuwerk.

▶ **5** Du bord de l'étang «Kleiner Kiel» (Petit Kiel), on jouit d'une belle vue sur l'hôtel de ville (à gauche) et l'opéra de Kiel.

▶ **6** Les bateaux-phares, véritables phares flottants dans le port de Wilhelmshaven, ne sont plus en service.

▶ **7** L'église gothique de St.-Marie, achevée au quinzième siècle, surplombe le port et la baie de Flensbourg.

▲ **6**

▼ **7**

D

▶ **1** Der Schriftsteller Thomas Mann ist der berühmteste Sohn Lübecks. Im „Buddenbrookhaus", benannt nach einem seiner Werke, wohnten allerdings nur seine Vorfahren.

▶ **2** Von der Lübecker Kirche St. Petri fällt der Blick auf die St.-Marien-Kirche, das Rathaus (Bildmitte) und den Markt.

▶ **3** Im Wasserschloß Glücksburg (1857) an der Flensburger Förde residierten vormals die Herzöge von Schleswig-Holstein-Glücksburg.

▶ **4** Der Lübeck vorgelagerte prominente Kur- und Badeort Travemünde ist ein Ausgangspunkt für Fähren über die Ostsee.

▶ **5** Der im 12. Jahrhundert erbaute Dom am Ratzeburger See ist ein berühmtes Beispiel für die norddeutsche Backstein-Romanik.

▶ **6** Das Wahrzeichen der Hansestadt Lübeck ist das 1478 fertiggestellte malerische Holstentor als Teil der früheren Stadtbefestigung.

GB

▶ **1** The author Thomas Mann is the most famous son of Lübeck, but only his ancestors lived in the "Buddenbrookhaus", which was named after one of his works.

▶ **2** From the Lübeck church St. Petri one looks onto the St.-Marien-Kirche, the town hall (centre) and the market place.

▶ **3** The sea-castle of Glücksburg (1857), in the Flensburg firth, was once the residence of the dukes of Schleswig-Holstein-Glücksburg.

▶ **4** Travemünde, the prominent Lübeck health and bathing resort, is a departure-point for ferries crossing the Baltic Sea.

▲ **1**

▼ **3**

▼ **2**

▶ **5** The 12th century cathedral by the Ratzeburg lake is a famous example of north German Romanesque brick architecture.

▶ **6** The picturesque Holstentor, finished in 1478 and once part of the town's defensive walls, is a landmark in the Hanseatic town of Lübeck.

F

▶ **1** L'écrivain Thomas Mann est l'enfant le plus célèbre de Lübeck. Mais dans la Maison Buddenbrook, portant le nom d'une de ses œuvres, n'ont vécu que ses ancêtres.

▶ **2** Du haut de l'église St. Pierre de Lübeck, une vue de l'église St. Marie, de l'hôtel de ville (au milieu) et du marché.

▶ **3** Le château fort de Glücksburg (1857), situé dans la baie de Flensbourg, fut le lieu de résidence des ducs de Schleswig-Holstein-Glücksburg.

▶ **4** La station balnéaire et thermale renommée de Travemünde, située au large des côtes de Lübeck, est le point de départ des bacs traversant la mer Baltique.

▶ **5** La cathédrale au bord du lac de Ratzeburg, construite au douzième siècle, est un célèbre exemple de l'art roman en briques de l'Allemagne du Nord.

▶ **6** L'emblème de la ville hanséatique de Lübeck est la pittoresque porte du Holsten, achevée en 1478 et qui fait partie de l'ancienne fortification de la ville.

▲ 4 ▼ 5 ▼ 6

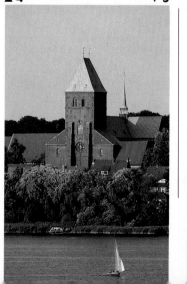

▲ 1

▲ 2

▼ 3

► 4

▲ 5

D	**GB**	**F**

▶ **1** Im Münster der mecklenburgischen Stadt Bad Doberan sind wertvolle Altäre und Glasfenster aus dem 14. Jahrhundert zu bewundern.

▶ **2** Wind und Wetter formten den eindrucksvollen „Gespensterwald" an der Steilküste beim Ostseebad Nienhagen.

▶ **3** Ein technisches Denkmal ist die von Bad Doberan über Heiligendamm zum Ostseebad Kühlungsborn verkehrende Kleinbahn „Molli".

▶ **4** Der alte Hafen von Wismar erinnert noch an die Zeiten der norddeutschen Hanse, links die Nikolaikirche.

▶ **5** Von den Stränden des aus drei Dörfern bestehenden Badeorts Kühlungsborn führt der Blick zu den weißen Villen Heiligendamms.

▶ **1** The monastery in the Mecklenburg town of Bad Doberan houses valuable 14th century altars and stained-glass windows.

▶ **2** Wind and weather have formed the impressive "Ghost forest" on the steep shore near the Baltic resort of Nienhagen.

▶ **3** The narrow-gauge railway "Molli", which travels from Bad Doberan to the Baltic resort of Kühlungsborn via Heiligendamm, is a monument to technology.

▶ **4** The old port of Wismar still recalls the north German Hanseatic period. On the left the Nikolaikirche.

▶ **5** From the beaches of Kühlungsborn (a seaside resort made up of three villages) one looks onto the white villas of Heiligendamm.

▶ **1** La cathédrale de la ville mecklembourgeoise Bad Doberan abrite de précieux autels et vitraux, datant du 14. siècle.

▶ **2** Les intempéries ont façonné l'impressionnante «Gespensterwald» (forêt des fantômes) sur la falaise des alentours de la station thermale de la mer Baltique Nienhagen.

▶ **3** Le petit train «Molli», véritable monument technique, circule entre Bad Doberan et la station de la mer Baltique Kühlungsborn, en passant par Heiligendamm.

▶ **4** Le vieux port de Wismar évoque l'époque de la Hanse de l'Allemagne du Nord, à gauche l'église Nicolas.

▶ **5** Une vue des villas blanches d'Heiligendamm à partir de la plage de la station thermale Kühlungsborn, composée de trois villages.

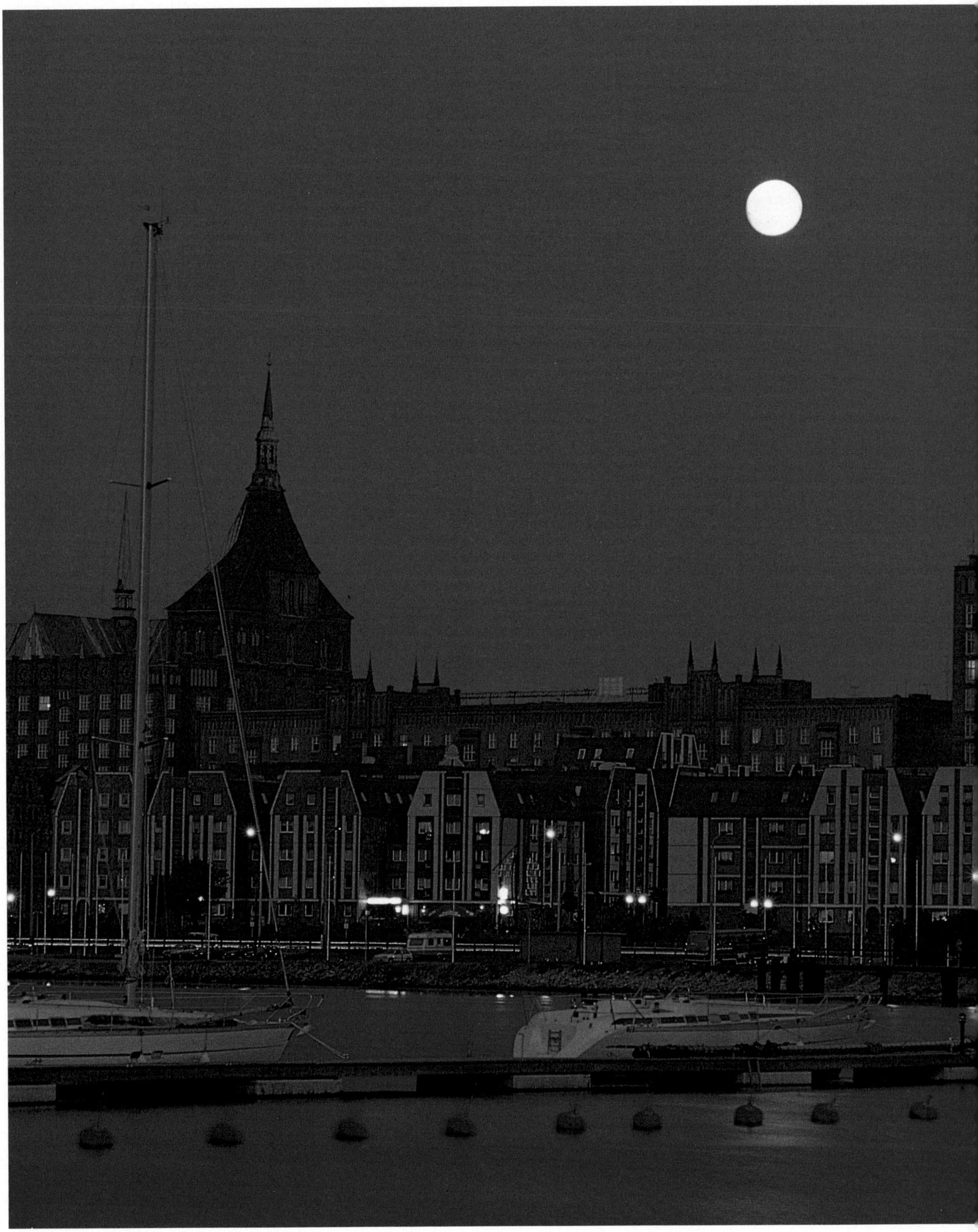

D

▶ **1** An der Unterwarnow liegen die Marienkirche (links) und Nachkriegsbauten von Rostock.

▶ **2** In der Hafeneinfahrt des Alten Stroms in Warnemünde begegnen sich Fischkutter und Freizeitkapitäne.

▶ **3** Das Rostocker Rathaus: Ein barocker Vorbau und sieben Türmchen.

▶ **4** In der Rostocker Fußgängerzone der Kröpeliner Straße sprüht der „Brunnen der Lebensfreude".

GB

▶ **1** The Marienkirche (left) and the post-war buildings of Rostock lie on the banks of the Lower Warnow.

▶ **2** Fishing smacks and hobby captains sail together in the Alte Strom harbour entrance in Warnemünde.

▶ **3** The Rostock town hall: a baroque front and seven towers.

▶ **4** The "Brunnen der Lebensfreude" (Fountain of Vitality) can be found in Rostock in the pedestrianised Kröpeliner Straße.

F

▶ **1** Au bord du Warnow inférieur se trouvent l'église de la Vierge et les constructions d'après-guerre de Rostock.

▶ **2** Le chenal du «Alter Strom», fleuve de Warnemünde, est le lieu des cutters de pêche et des capitaines du dimanche.

▶ **3** L'hôtel de ville de Rostock: un avant-corps baroque et sept petites tours.

▶ **4** La zone piétonne, située dans la «Kröpeliner Straße», rue de Rostock, est animée par la «Brunnen der Lebensfreude» (fontaine de la joie de vivre)

◀ **1**　　　　　　　　▲ **2**

▲ **3**　　　　　　　　▼ **4**

▲ 1   ▼ 2   ▼ 3

▼ 4

═ D ═

▶ **1** Die „holländische" Zug-brücke über den Fluß Ryck ist die Attraktion des Greifswalder Stadtteils Wieck und seines Fischerhafens.

▶ **2** Von der Stralsunder Nord-mole aus blickt man über den Jachthafen auf die Fährboote nach Hiddensee und die Nikolai-kirche.

▶ **3** Ein Anziehungspunkt auf der Insel Usedom ist der Strand-pavillon des Seebades Ahlbeck – der letzte erhaltene seiner Art.

▶ **4** Ein berühmtes Motiv des romantischen Malers Caspar David Friedrich war die Ruine der Klosterkirche von Eldena bei Greifswald.

▶ **5** Vom Greifswalder Dom St. Nikolai aus fällt der Blick über Rathaus und Marktplatz auf die dreischiffige Hallen-kirche St. Jakobi.

▶ **6** Die Nikolaikirche und die Schauseite des Stralsunder Rat-hauses sind prächtige Beispiele der norddeutschen Backstein-gotik.

═ GB ═

▶ **1** The "Dutch" draw-bridge across the river Ryck is a great attraction in the Greifswald district Wieck and its fishing port.

▶ **2** From the Stralsund north pier one looks over the yacht harbour and ferry boats onto Hiddensee and its Nikolaikirche.

▶ **3** A centre of attraction on the island Usedom is the beach pavilion – the last preserved pavilion of its kind – in the seaside resort of Ahlbeck.

▶ **4** The Eldena Monastery ruins near Greifswald were one of romantic artist Caspar David Friedrich's famous motives.

▶ **5** From the Greifswald cathedral St. Nikolai one looks over the town hall and market place onto the three-naved church St. Jakobi.

▶ **6** The Nikolaikirche and the front of the Stralsund town hall are splendid examples of north German Gothic brickmasonry.

▬ F ▬

▶ **1** Le pont-levis «hollandais» sur le fleuve Ryck est l'attraction du quartier de la ville de Greifswald appelé Wieck et de son port de pêche.

▶ **2** De la jetée au nord de la ville de Stralsund, on voit – au-delà du port de plaisance – les bacs en partance pour Hiddensee et l'église Nicolas.

▶ **3** Un lieu d'attraction sur l'île d'Usedom est le pavillon sur la plage de la station balnéaire de Ahlbeck – le dernier de son genre en bon état.

▶ **4** Un célèbre motif du peintre romantique Caspar David Friedrich furent les ruines du couvent d'Eldena près de Greifswald.

▶ **5** De la cathédrale St. Nicolas à Greifswald, on voit – au-delà de l'hôtel de ville et de la place du marché – l'église St. Jacques avec ses voûtes et ses trois nefs.

▶ **6** L'église Nicolas et la façade de l'hôtel de ville de Stralsund sont de splendides exemples d'art gothique en briques de l'Allemagne du Nord.

▲ 5

▼ 6

▲ 1

▼ 2

▬ D ▬

▶ **1** Ein lohnendes Wanderziel vom Dorf Kloster auf Hiddensee aus ist der Leuchtturm am Dornbusch im Norden der Insel. Von hier aus hat man einen schönen Rundblick.

▶ **2** Nach gut zwei Stunden eindrucksvoller Überfahrt von Stralsund aus legt das Schiff im kleinen Hafen von Kloster auf der Insel Hiddensee an.

▶ **3** Auf dem Marktplatz von Putbus (Insel Rügen) steht ein Denkmal für den deutsch-französischen Krieg 1870/71.

▶ **4** Beim Kap Arkona auf der Insel Rügen erheben sich der Leuchtturm des Baumeisters Karl Friedrich Schinkel von 1828 (links) und der neuere von 1902.

▶ **5** Der Hauptanziehungspunkt auf Rügen sind die markanten Kreidefelsen von Stubbenkammer auf der Halbinsel Jasmund, von denen man an den Strand herunterklettern kann.

▬ GB ▬

▶ **1** A worthwhile walking route on the island of Hiddensee is from the village Kloster to the lighthouse at the Dornbusch in the north of the island. From here one has a lovely view.

▶ **2** After a two-hour impressive crossing from Stralsund to the island of Hiddensee, ships dock in the small harbour of Kloster.

▶ **3** A memorial to the German/French war (1870/71) stands at the market place in Putbus (Isle of Rügen).

▶ **4** Two lighthouses stand towering at Kap Arkona on the Isle of Rügen. One was built in 1828 by the architect Karl Friedrich Schinkel (left) and the younger one was built in 1902.

▶ **5** The main attraction on the Isle of Rügen are the striking chalk cliffs of Stubbenkammer on the Jasmund peninsula. From here one can climb down to the beach.

▬ F ▬

▶ **1** Un but notable d'excursion est, en partant du village Kloster sur Hiddensee, le phare situé à la pointe Dornbusch, au nord de l'île. De là, on jouit d'un joli panorama.

▶ **2** Après deux bonnes heures de traversée impressionnante, à partir de Stralsund, le bateau amarre dans le petit port de Kloster sur l'île d'Hiddensee.

▶ **3** Sur la place du marché de Putbus (île de Rügen) se dresse un monument commémorant la guerre franco-allemande de 1870/71.

▶ **4** Au cap Arkona sur l'île de Rügen s'élèvent le phare de l'architecte Karl Friedrich Schinkel de 1828 (à gauche) et le plus récent, datant de 1902.

▶ **5** Le point d'attraction principal sur Rügen sont les remarquables falaises en craie de Stubbenkammer sur la presqu'île de Jasmund, à partir desquelles on peut accéder à la plage.

▲ 3

▲ 4   ▼ 5

Vom Emsland bis nach Mecklenburg

FLATLANDS
From the Ems region to Mecklenburg

LE PAYS PLAT
Entre la région de l'Ems et Mecklembourg

Vom Emsland bis nach Mecklenburg

From the Ems region to Mecklenburg

Entre la région de l'Ems et Mecklembourg

D

Flachland ist kein langweiliges Land: Abgesehen von den großen Hansestädten Bremen, Hamburg, Schwerin und Rostock hält die Tiefebene zwischen den Mündungsgebieten von Ems, Weser und Elbe und der mecklenburgischen Seenplatte reizvolle Ziele für Urlauber und Ausflügler bereit.

Das Leben und Treiben in der Weltstadt Hamburg mit dem größten deutschen Hafen steht im Kontrast zur stillen Beschaulichkeit des Alten Landes am Elbufer bei Stade, ein besonders lohnendes Ziel zur Baumblüte im Frühling. Die südlich davon beginnende Lüneburger Heide lockt dagegen mit ihren blühenden Flächen besonders im Spätsommer.

Eine dünnere Besiedlung läßt viel Raum für unberührte Natur neben den saftigen Viehweiden Ostfrieslands und den von weißen Segeln belebten Seen zwischen Schwerin und Neustrelitz. Fachwerkhäuser im Westen und Backsteinkirchen im Osten prägen das architektonische Gesicht der Ortschaften. Hier haben sich daher häufig Künstler angesiedelt, wie zum Beispiel in Worpswede bei Bremen und in Güstrow bei Rostock.

Die beiden Landeshauptstädte Hannover und Schwerin sowie die Stadtstaaten Hamburg und Bremen sind Anziehungspunkte für Handel, Wirtschaft und Industrie, haben aber doch – was besonders für Schwerin gilt – neben modernen Hochhäusern ihr historisches Gepräge und damit auch gemütliche Wohnviertel bewahren können.

GB

Flat land is not necessarily boring land: Besides the large Hanseatic cities Bremen, Hamburg, Schwerin and Rostock, the flatlands between the Ems, Weser and Elbe estuaries and the Mecklenburg flat lake-country have lots of attractions to offer holiday-makers.

The life and bustle of the Hamburg metropolis with the largest German port is a contrast to the quiet contemplativeness of the Altes Land on the banks of the Elbe near Stade, which is especially worth a visit in Spring when the trees are in bloom. Contrarily, the Lüneburg Heath to the south lures with its blooming Indian summer countryside.

The sparse population leaves much space for the quite untouched environment with its juicy pastures of East Friesland, and the lakes between Schwerin and Neustrelitz. Half-timbered houses in the west and brick churches in the east are characteristic architectural features of the villages. For this reason many artists and writers have moved here, for example to Worpswede near Bremen and to Güstrow near Rostock.

The two state capitals, Hanover and Schwerin, as well as the town states of Hamburg and Bremen are all centres of attraction for commerce and industry, but inspite of their modern skyscrapers, they have still kept their historical features, and have therefore been able to retain cosy residential districts – which is especially true of Schwerin.

F

Un paysage de plaine n'est pas ennuyeux: Abstraction faite des grandes villes hanséatiques de Brême, Hambourg, Schwerin et Rostock, la basse plaine située entre les embouchures de l'Ems, de la Weser, de l'Elbe et le plateau de lacs mecklembourgeois offre aux vacanciers de charmants buts de voyage.

La vie trépidante de la métropole d'Hambourg, dotée du plus grand port allemand, contraste avec la douce sérénité de la région «Altes Land», située au bord de l'Elbe près de Stade, un but d'excursion qui en vaut particulièrement la peine, au printemps, lorsque les arbres fleurissent. Au sud la lande de Lünebourg dont les étendues en fleurs attirent les visiteurs dès la fin de l'été.

Une faible densité de population laisse beaucoup de place à la nature vierge, sans compter les verts pâturages de la Frise orientale et les lacs entre Schwerin et Neustrelitz. Les maisons à colombage à l'Ouest et les églises en briques à l'Est caractérisent l'architecture des villages. C'est pourquoi, des artistes s'y sont souvent établis, comme par exemple à Worpswede près de Brême ou à Güstrow près de Rostock.

Hanovre et Schwerin, toutes deux capitale de Land, ainsi que Hambourg et Brême sont des centres d'attraction pour le commerce, l'économie et l'industrie, ont pu cependant conserver en plus de grattes-ciel modernes, leur flair historique et par conséquent d'agréables quartiers d'habitation.

(Seite 30, links)
Im Garten des Barlach-Ateliers in Güstrow steht die Plastik „Mutter Erde" des Bildhauers.

(Mitte)
Mecklenburg ist reich an Seen und Naturreservaten mit Schwänen und Enten.

(rechts)
In der Künstlerkolonie Worpswede schuf Bernhard Hoetger seine Plastik „Die Wut".

(Seite 31)
Das 1886–1909 erbaute Hamburger Rathaus.

(page 30, left)
Barlach's sculpture "Mother Earth" in Güstrow.

(centre)
Mecklenburg has numerous lakes and nature reserves with swans and ducks.

(right)
Bernard Hoetger created his sculpture "Rage" in the artists' colony of Worpswede.

(page 31)
The Hamburg town hall, built between 1886 and 1909.

(page 30, gauche)
Dans le jardin de l'atelier du sculpteur Barlach à Gustrow se dresse la statue «Mère nature».

(centre)
Mecklembourg est riche en lacs et parcs nationaux abritant des cygnes et canards.

(droite)
C'est dans la colonie d'artistes de Worpswede que Bernhard Hoetger a créé sa statue «Die Wut» (La fureur).

(page 31)
L'hôtel de ville d'Hambourg, construit entre 1886 et 1909.

◄ 1

▲ 2

▲ 3

▼ 4

D

▶ **1** Der von Mooren und Feuchtwiesen umgebene flache Dümmer See bei Diepholz ist der zweitgrößte norddeutsche See.

▶ **2** Auf einer Rundfahrt durch das einsame Artland bei Osnabrück entdeckt man prächtige alte Gehöfte.

▶ **3** Der Osnabrücker Dom am Markt wurde im 13. Jahrhundert vollendet und enthält im Innern viele Kostbarkeiten.

▶ **4** Am Rathaus in Osnabrück erinnert ein neuzeitlicher Türdrücker an den Westfälischen Frieden, der hier 1648 verkündet wurde.

▶ **5** Das Oldenburger Münsterland ist für seine Pferdezucht bekannt – hier ein Gestüt in der Kreisstadt Vechta.

▶ **6** Der in entwässerten Mooren, wie hier im Osnabrücker Land, gestochene Torf war früher ein wichtiges Heizmaterial.

GB

▶ **1** Surrounded by moors and swampy meadows, the flat Dümmer See near Diepholz is the second largest north German lake.

▶ **2** Splendid old farm buildings can be found on excursions through the solitary Artland near Osnabrück.

▶ **3** The Osnabrück cathedral on the market place was finished in the 13th century and houses many valuable objects.

▶ **4** The town hall in Osnabrück has a modern door handle which is a memorial to the Westfalian peace proclamation (1648).

▶ **5** The Oldenburg Münsterland is renowned for its horse-breeding. Here a stud-farm in the chief-district town of Vechta.

► **6** Peat, which used to be cut from drained moors like the one here in the Osnabrücker Land, was once an important source of fuel.

F

► **1** Le lac peu profond de Dümmer près de Diepholz, entouré de marais et prairies humides, est de part sa grandeur, le deuxième de l'Allemagne du Nord.

► **2** Une tournée à travers la solitaire «Artland», région près d'Osnabruck, permet de découvrir de vieilles fermes magnifiques.

► **3** La cathédrale d'Osnabruck, située sur la place du marché, fut achevée au treizième siècle et abrite beaucoup d'objets de valeur.

► **4** Une poignée de porte moderne de l'hôtel de ville d'Osnabruck évoque la paix de Westphalie, proclamée ici en 1648.

► **5** Le pays de Munster, aux environs d'Osnabruck, est connu pour son élevage de chevaux – ici, un haras du chef-lieu de district Vechta.

► **6** La tourbe, extraite des marais asséchés, comme ici dans la région d'Osnabruck, fut jadis un combustible de grande importance.

▲ 5

▼ 6

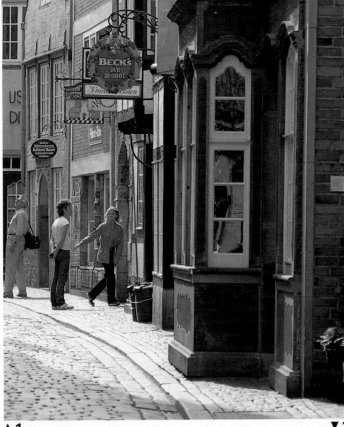

▲ 1   ▼ 2

▶ **1** Das Schnoor-Viertel in Bremen war vom 16. bis zum 18. Jahrhundert das Wohngebiet der Handwerker und Fischer. Heute ist es liebevoll restauriert.

▶ **2** Vom Bremer Dom St. Petri aus verbreitete sich das Christentum in Norddeutschland. Links im Bild das gotische Rathaus.

▶ **3** Im Hafen des Deutschen Schiffahrtsmuseums an der Wesermündung in Bremerhaven sind historische Segelschiffe zu besichtigen.

▶ **4** Die Roland-Figur vor dem Bremer Rathaus repräsentierte die unabhängige Gerichtsbarkeit der einst freien Reichsstadt.

▶ **1** Between the 16th and 18th centuries labourers and fishermen used to live in the now restorated Schnoor-Viertel in Bremen.

▶ **2** Christianity spread out into north Germany from the Bremen cathedral St. Petri. On the left: the Gothic town hall.

▶ **3** In the harbour of the German Maritime Museum at the mouth of the Weser in Bremerhaven one can explore the historical sailing boats.

▶ **4** The Roland statue in front of the Bremen town hall symbolised the independent jurisdiction of the once Free Imperial City.

▬ F ▬

▶ **1** Le quartier du Schnoor à Brême, fut du 16. au 18. siècle le quartier de résidence des artisans et pêcheurs.

▶ **2** C'est de la cathédrale St. Pierre de Brême que se propagea le christianisme dans le Nord de l'Allemagne. A gauche: l'hôtel de ville gothique.

▶ **3** Dans le port du musée de la navigation allemande, à l'embouchure du fleuve Weser, à Bremerhaven, des voiliers historiques peuvent être visités.

▶ **4** La figure de Roland, devant l'hôtel de ville de Brême, représentait la juridiction indépendante de l'ancienne ville libre de l'Empire.

▼ **3**   ▲ **4**

=== **D** ===

▶ **1** Der Hamburger Hafen ist über 800 Jahre alt, im Vordergrund die Köhlbrandbrücke.

▶ **2** Der Turm der St.-Michaelis-Kirche ist als „Hamburger Michel" das Wahrzeichen der Hansestadt.

▶ **3** Die Vergnügungsstraße Große Freiheit im Stadtviertel St. Pauli in Hamburg.

▶ **4** Das Hamburger Chile-Haus stellt ein Stück moderner Backsteinarchitektur aus den zwanziger Jahren dar.

=== **GB** ===

▶ **1** The over 800-year-old Hamburg port with the Köhlbrandbrücke (1974) in the foreground.

▶ **2** Known as the "Hamburger Michel", the tower of the St.-Michaelis-Kirche is one of the Hanseatic city's landmarks.

▶ **3** The pleasure street "Große Freiheit" (great freedom) in the St. Pauli district in Hamburg.

▶ **4** The Hamburg Chile-House displays the modern brick architecture of the 1920's.

=== **F** ===

▶ **1** Le port d'Hambourg a plus de 800 ans, au premier plan le «Köhlbrandbrücke» (1974), pont caractéristique d'Hambourg.

▶ **2** La tour de l'église St. Michel, surnommée «Hamburger Michel», est l'emblème de la ville hanséatique.

▶ **3** La rue des plaisirs «Große Freiheit» dans le quartier de St. Pauli de Hambourg.

▶ **4** La maison du Chili à Hambourg «Chile-Haus» est un exemplaire de l'architecture moderne en briques des années vingt.

◀ **1**   ▲ **2**

▲ **3**   ▼ **4**

▬ D ▬

► **1** Die vom Dichter Hermann Löns gerühmte Lüneburger Heide ist besonders schön zur Blütezeit des Erika-Krauts im Spätsommer.

► **2** Auch für die Einheimischen ist die Heidschnucken-Versteigerung in der Lüneburger Heide eine Attraktion.

► **3** Die Heidschnucken als kleinste Schafrasse sind heutzutage nahezu ausgestorben.

► **4** Malerische Patrizierhäuser bestimmen die Altstadt von Stade im Alten Land.

► **5** Zu den Sehenswürdigkeiten Lüneburgs gehören das historische Kaufhaus und der Alte Kran an der Ilmenau.

► **6** Der Kreuzgang des Klosters Lüne (13. Jahrhundert) in Lüneburg zeigt die typische norddeutsche Backsteinarchitektur.

▲ 1

▼ 2

▼ 3

GB

► **1** The Lüneburg Heath, described by the poet Hermann Löns, is most beautiful in Summer when the heather is in bloom.

► **2** The moorland sheep auction on the Lüneburg Heath is an attraction even for the natives.

► **3** The smallest breed of sheep, the moorland sheep, has unfortunately nearly died out.

► **4** Picturesque patrician houses are characteristic of the old town of Stade in the Altes Land.

► **5** The historical shop and the old crane on the Ilmenau belong to Lüneburg's sightseeing attractions.

► **6** The cloister in the 13th century Lüne monastry displays typical north German brick architecture.

F

► **1** La lande de Lünebourg, prisée par le poète Hermann Löns, est particulièrement belle durant la floraison de la bruyère, en fin d'été.

► **2** La vente aux enchères, dans la lande de Lünebourg, des moutons élevés dans la région est, même pour les autochtones, une attraction.

► **3** Les moutons de la lande de Lünebourg, plus petite race existante, sont malheureusement, de nos jours, en voie d'extinction.

► **4** De pittoresques maisons patriciennes dominent la cité de Stade dans la région du «Altes Land».

► **5** Le grand magasin historique et la vieille grue au bord du Ilmenau font partie des curiosités de Lünebourg.

► **6** Le cloître du monastère Lüne (13. siècle) de Lünebourg montre l'architecture en briques typique de l'Allemagne du Nord.

▼ **4**   ▼ **5**   ► **6**

▬ D ▬

▶ **1** Celle wurde im zweiten Weltkrieg nicht zerstört und besitzt daher noch seine Altstadt mit bunten Fachwerkhäusern.

▶ **2** Der mittelalterliche Hildesheimer Dom St. Michael wurde nach seiner Zerstörung eindrucksvoll rekonstruiert.

▶ **3** Im Lessinghaus in Wolfenbüttel wohnte der Dichter bis zu seinem Tode. Hier schrieb er das Drama „Nathan der Weise".

▶ **4** Das imposante Schloß von Celle war mehr als 300 Jahre lang die Residenz der Herzöge von Braunschweig und Lüneburg.

▶ **5** Das Steinhuder Meer bei Hannover, inmitten des gleichnamigen Naturparks gelegen, ist einer der größten norddeutschen Seen.

▶ **6** Der schöne Altstadtmarkt der Stadt Heinrichs des Löwen, Braunschweig, wird überragt von der Kirche St. Martin.

▬ GB ▬

▶ **1** Celle remained unscathed during World War II and therefore still possesses its old town with its colourful half-timbered houses.

▶ **2** The medieval Hildesheim cathedral St. Michael has been impressively reconstructed.

▶ **3** The poet Lessing lived in the Lessinghaus in Wolfenbüttel until his death. Here he wrote his drama „Nathan der Weise".

▶ **4** The huge palace in Celle was the residence of the dukes of Braunschweig and Lüneburg for more than 300 years.

▲ **1**

▲ **2**   ▼ **3**

▶ **5** Situated in the middle of a nature park of the same name, the Steinhuder Sea is one of the largest north German lakes.

▶ **6** The lovely old market place in Henry the Lion's city of Braunschweig is overlooked by the St. Martin church.

▬ F ▬

▶ **1** Celle ne fut pas détruite pendant la Seconde Guerre mondiale et possède encore, par conséquent, sa vieille cité avec ses maisons colorées à colombage.

▶ **2** La cathédrale médiévale St. Michel d'Hildesheim fut reconstruite, après sa destruction, de manière impressionnante.

▶ **3** Dans la maison Lessing à Wolfenbüttel a vécu le poète jusqu'à sa mort. C'est là qu'il écrivit le drame «Nathan le Sage».

▶ **4** L'imposant château de Celle fut, pendant plus de 300 ans, le lieu de résidence des ducs de Brunswick et Lünebourg.

▶ **5** La mer de Steinhude près d'Hanovre, située au milieu du parc national de même nom, est un des plus grands lacs du Nord de l'Allemagne.

▶ **6** Le beau marché de la vieille cité de Brunswick, ville d'Henri le lion, est dominé par l'église St. Martin.

▲ 4   ▼ 5   ▼ 6

▲ 1

═ D ═

▶ **1** Der große Garten in Hannover-Herrenhausen ist ein eindrucksvolles Beispiel für die barocke deutsche Gartenarchitektur.

▶ **2** Hannovers repräsentatives Neues Rathaus am Maschteich ist das wichtigste Bauwerk der niedersächsischen Landeshauptstadt.

▶ **3** Die Kramerstraße mit der bedeutenden Marktkirche läßt noch heute erahnen, wie das alte Hannover einstmals ausgesehen hat.

▶ **4** Das außerhalb der Stadt gelegene Messegelände von Hannover ist das größte in Deutschland, am wichtigsten sind die Industriemessen.

═ GB ═

▶ **1** The Great Garden in Hanover-Herrenhausen is an impressive example of baroque north German landscape gardening.

▶ **2** Hanover's imposing New Town Hall situated near the Maschteich is the most important building in the Lower-Saxony state capital.

▶ **3** The Kramerstraße (Shopkeeper Street) with the significant Marktkirche (market church) gives one an idea of how the old Hanover once used to look.

▶ **4** The trade fair site, situated on the outskirts of Hanover, is the largest in Germany – the industrial fairs are the most important exhibitions.

═ F ═

▶ **1** L'imposant jardin de Herrenhausen à Hanovre est un exemple impressionnant d'architecture horticole allemande baroque.

▶ **2** Le nouvel hôtel de ville d'Hanovre, superbe édifice au bord de l'étang Masch, est l'ouvrage d'architecture le plus important de la capitale de la Basse-Saxe.

▶ **3** La rue Kramer, avec l'importante église du marché, permet encore de deviner l'aspect qu'a eu, jadis, la vieille ville d'Hanovre.

▶ **4** Le terrain de foires, situé au-dehors de la ville d'Hanovre, est le plus grand d'Allemagne; la plus importante sont les foires industrielle.

▲ 2

▲ 3

▼ 4

▲ 1

▲ 2

▼ 3

► **1** The restorated 16th century Güstrow Renaissance palace is one of the most significant palaces in Mecklenburg-Western Pomerania.

► **2** The Schwerin market, where the town sight-seeing tours begin, is governed by the cathedral with its north German, Gothic brick architecture.

► **3** In the Puschkinstraße, behind the Schwerin town hall, the market place bustles with life.

► **4** Mecklenburg-Western Pomerania is famous for its long avenues, down which one can take a ride on a horse-drawn cart.

► **5** The relatively young Schwerin palace (1857) is a replica of a French palace on the Loire.

► **6** The wing altar (1500) and the copy of Barlach's "Schwebender" (the 'hovering' angel) are sight-seeing attractions in Güstrow's cathedral.

► **1** Das restaurierte Güstrower Renaissance-Schloß aus dem 16. Jahrhundert ist eines der bedeutendsten in Mecklenburg-Vorpommern.

► **2** Der Schweriner Markt, wo die Stadtrundfahrten beginnen, wird vom Dom im Stil norddeutscher Backsteingotik beherrscht.

► **3** An der Puschkinstraße hinter dem Schweriner Rathaus herrscht reges Markttreiben.

► **4** Mecklenburg-Vorpommern ist berühmt für seine langen Alleen, auf denen man Ausflüge mit der Kutsche unternehmen kann.

► **5** Das einem Schloß an der Loire in Frankreich nachgebildete Schweriner Schloß ist noch recht jung (1857).

► **6** Der Flügelaltar von 1500 zählt neben der Kopie von Barlachs „Schwebendem" zu den Sehenswürdigkeiten im Dom zu Güstrow.

► **1** Le château-Renaissance de Güstrow, rénové et datant du seizième siècle, est un des plus importants de Mecklenbourg-Poméranie occidentale.

► **2** Le marché de Schwerin, point de départ des visites guidées de la ville, est dominé par la cathédrale gothique en briques, typique du Nord de l'Allemagne.

► **3** Sur la rue Puschkin, derrière l'hôtel de ville de Schwerin, règne une grande animation provenant du marché.

► **4** Mecklembourg-Poméranie occidentale est renommé pour ses longues allées sur lesquelles il est possible d'entreprendre des excursions en voitures à chevaux.

▶ **5** Le château de Schwerin, copie d'un château de la Loire français, est encore relativement jeune (1857).

▶ **6** L'autel à vantail, datant de 1500, fait partie – avec la copie de l'œuvre de Barlach «der Schwebende» (le suspendu) – des curiosités de la cathédrale de Güstrow.

▲ 4   ▼ 5   ▲ 6

▶ **5** Le château de Schwerin, copie d'un château de la Loire français, est encore relativement jeune (1857).

▲ 1

▼ 2 ▼ 3

▼ 4

D

► **1** „Norddeutscher Bodensee" wird die 30 km lange und bis zu 14 km breite Müritz im Herzen Mecklenburgs genannt.

► **2** Das klassizistische Rathaus schmückt als eines der wenigen erhaltenen alten Gebäude die ehemalige Residenzstadt Neustrelitz.

► **3** Die „Mecklenburger Schweiz" ist eine fruchtbare Hügellandschaft mit weiten Rapsfeldern.

► **4** Vor seinem Geburtshaus in Stavenhagen steht ein Denkmal des niederdeutschen Mundartdichters Fritz Reuter.

► **5** Das jüngste der vier Stadttore von Neubrandenburg ist das von acht Frauenfiguren geschmückte Neue Tor aus dem 15. Jahrhundert.

► **6** Die restaurierten Wiekhäuser in der erhalten gebliebenen Stadtmauer in Neubrandenburg dienten einst der Verteidigung.

GB

► **1** The 30 km long and up to 14 km wide Müritz in the heart of Mecklenburg is sometimes called the "Lake Constance of north Germany".

► **2** The classicistic town hall, one of the few preserved old buildings, enhances the former residence town of Neustrelitz.

► **3** "Mecklenburg Switzerland" is furtile, hilly country with vast rape fields.

► **4** In front of Fritz Reuter's birth-house in Stavenhagen stands a monument in honour of the north German dialect poet.

► **5** The youngest of the four Neubrandenburg town gates is the 15th century "Neues Tor" (New Gate), which is decorated with eight female figures.

► **6** The restorated Wiekhäuser in the preserved town walls of Neubrandenburg were once part of the town's fortifications.

F

► **1** Le Müritz, au cœur de Mecklembourg, d'une longueur de 30 km et d'une largeur atteignant jusqu'à 14 km, est surnommé le «lac de Constance» du Nord de l'Allemagne.

► **2** L'hôtel de ville de style classique, un des rares bâtiments vieux subsistant, orne l'ancienne ville de résidence royale Neustrelitz.

► **3** «La Suisse mecklembourgeoise» est un territoire fertile accidenté, aux vastes champs de colza.

► **4** Devant sa maison natale à Stavenhagen se dresse un monument à la mémoire du poète Fritz Reuter qui composa ses vers dans le dialecte bas-allemand.

► **5** La plus récente des quatre portes d'enceinte de Neubrandenburg est la Nouvelle Porte, datant du 15. siècle, ornée de huit statues de femmes.

► **6** Les «Wiekhäuser», maison restaurées, véritables enclaves dans le mur d'enceinte intacte de Neubrandenburg, jouaient jadis un rôle de défense.

▲ 5

▼ 6

Berlin und die Mark Brandenburg

STEEPED IN HISTORY
Berlin and the march of Brandenburg

AU CŒUR DE L'HISTOIRE
Berlin et le district de Brandebourg

Berlin und die Mark Brandenburg

Berlin and the march of Brandenburg

Berlin et le district de Brandebourg

D

Mitten im wald- und seenreichen Land Brandenburg, wegen seines sandigen Bodens früher „Streusandbüchse des Deutschen Reichs" genannt, liegt die deutsche Hauptstadt Berlin auf einer Fläche von der Größe des Ruhrgebiets. Ihr Herz ist der bis zum 2. Oktober 1990 zu Ost-Berlin (DDR) gehörende Bezirk Stadtmitte mit historischen Bauten zwischen Brandenburger Tor und Dom sowie beidseitig der Straße „Unter dem Linden".

Von hier aus, aus dem Roten Rathaus, wird die Stadt regiert; hier allein befinden sich fünf Theater, zwei Opernhäuser, ein Operettenhaus, ein Revuetheater und ein Konzertsaal, drei Dome, die Museumsinsel mit ihren Schätzen, Berlins älteste Universität und bald auch Ministerien der Bundesregierung. Die ganze Stadt ist im Umbruch begriffen und hat sich doch ihren vielseitigen Charakter mit alten Dorfkernen, Boulevards und Parklandschaften bewahrt.

Spree und Havel durchfließen Berlin und erweitern sich zu Seen mit reger Ausflugsschiffahrt. Im Westen schließt sich die preußische Residenz- und heutige Landeshauptstadt Potsdam an, wo man in prachtvollen Schlössern und Gärten auf Schritt- und Tritt deutscher Geschichte begegnet. Von Berlin und Potsdam aus zieht es Bewohner und Besucher zur Kahnfahrt in den Spreewald, zur Erbauung ins Schloß Rheinsberg und zum Kloster Chorin, zum Wandern in die von Theodor Fontane liebevoll beschriebene Landschaft, zu Ausflügen an Elbe und Oder.

GB

Situated in the midst of the federal state of Brandenburg, abundant with forests and lakes (and which used to be called "the Empire's grit-box" due to its sandy soils), lies the German capital Berlin which is as big as the Ruhr area. Its heart is the town centre district "Mitte", which up until October 2, 1990 belonged to East Germany (GDR), with its historical buildings between the Brandenburg Gate and cathedral and on both sides of the street „Unter den Linden".

The town is ruled from the Red City Hall, and here alone there are five theatres, two opera houses, an operetta house, a revue theatre and a concert hall, three cathedrals, the Museum Island with its treasures, Berlin's oldest university and soon the ministries of the government. The whole city is changing, but it has still preserved its versatile character with its old village centres, boulevards and parks.

The Spree and Havel traverse Berlin forming lakes with busy tourist shipping. In the west we meet the Prussian residence town and present state capital Potsdam where one encounters German history everywhere in its magnificent palaces and gardens. Once in Berlin and Potsdam, residents and tourists are enticed into boat trips in the Spreewald, to cultural visits to the Rheinsberg palace and the Chorin monastery, to walks in the countryside so affectionately described by Theodor Fontane, and to trips to the rivers Elbe and Oder.

F

La capitale allemande Berlin se trouve au milieu du Land de Brandebourg, riche en forêts et lacs, connu jadis sous le nom de «sablière de l'Empire allemand» à cause de son sol sablonneux, sur une superficie semblable à celle de la région de la Ruhr. Son centre est le district urbain «Mitte», territoire de Berlin-Est (RDA) jusqu'au 02 octobre 1990, avec ses monuments historiques entre la porte de Brandebourg et la cathédrale ainsi que de chaque côté de l'avenue Unter den Linden.

C'est de là, de l'hôtel de ville rouge que la ville est gouvernée. On rencontre, rien qu'au centre, cinq théâtres, deux opéras, un théâtre d'opérette, un de revues et une salle de concert, trois cathédrales, le quartier des musées avec ses trésors, la plus vieille université de Berlin et bientôt aussi les ministères du gouvernement. Toute la ville est en train de se transformer et a conservé cependant sa diversité grâce à ses faubourgs, boulevards, parcs.

Spree et Havel traversent Berlin et donnent naissance à des lacs, animés par des bateaux d'excursion. A l'Ouest succède Potsdam, ancienne ville de résidence prussienne et actuelle capitale du Land, où l'on rencontre à chaque pas, dans les somptueux châteaux et jardins, l'histoire de l'Allemagne. Habitants et visiteurs peuvent, à partir de Berlin ou de Potsdam, faire une balade en canot dans le Spreewald, se cultiver au château de Rheinsberg et au monastère de Chorin, effectuer des excursions au bord de l'Elbe et l'Oder.

(Seite 50, links)
Das Neue Palais in Potsdam
(1769).

(Mitte)
Ein vergoldeter Engel schmückt
die Siegessäule (1873) Kaiser Wilhelms I. im Berliner Tiergarten.

(rechts)
Friedrich der Große „reitet" als
Standbild (1851) über Berlins
Prachtstraße Unter den Linden.

(Seite 51)
Schillerdenkmal und Französi-
scher Dom stehen auf dem
Berliner Gendarmenmarkt.

GB

(page 50, left)
The New Palace in Potsdam
(1769).

(centre)
In the Berlin Tiergarten a gold-
plated angel adorns Kaiser Wilhelm I's victory column (1873).

(right)
Frederick the Great's statue
(1851) on Berlin's magnificent
street Unter den Linden.

(page 51)
A Schiller monument and the
cathedral Französischer Dom at
the Gendarmenmarkt.

F

(page 50, gauche)
Le Nouveau Palais de Potsdam.

(centre)
Un ange doré orne la colonne
de la victoire de l'Empereur
Guillaume I (1871) du district
urbain Tiergarten.

(droite)
La statue de Frédéric le Grand
(1851) au magnifique avenue de
Berlin Unter den Linden.

(page 51)
La statue dédié à Schiller et la
cathédrale française sur la place
Gendarmenmarkt.

▲1

▲2　▼3　▼4

▼5　►6

52

D

▶ **1** Der barocke Deutsche Dom in Berlin (1708) wurde nach der Wiedervereinigung aufwendig wiederhergestellt.

▶ **2** Der Zoopalast dient den alljährlich stattfindenden Berliner Filmfestspielen als wichtigste Aufführungsstätte.

▶ **3** Die 1957 errichtete Kongreßhalle im Berliner Tiergarten beherbergt heute das „Haus der Kulturen der Welt".

▶ **4** Straßenmusikanten beleben wie eh und je die breiten Straßen der deutschen Hauptstadt mit ihren Caféterrassen.

▶ **5** Das Berliner Reichstagsgebäude 1888/89 von Paul Wallot erbaut, ist künftig Sitz des Deutschen Bundestages.

▶ **6** Die im zweiten Weltkrieg zerstörte Kaiser-Wilhelm-Gedächtniskirche, zum Teil Ruine, ist ein weiteres Wahrzeichen Berlins.

GB

▶ **1** The baroque Deutscher Dom in Berlin (1708) was extensively restorated after the German reunification.

▶ **2** The Zoopalast is the most important performing place for the annual Berlin film festivals.

▶ **3** Built in 1957, the congress hall in the Berlin Tiergarten today havens the "Haus der Kulturen der Welt" (House of World Cultures).

▶ **4** Street musicians enliven as always the wide streets of the German capital city with its terrace cafés.

▶ **5** The Berlin Reichstag building, built in 1888/89 by Paul Wallot, is the future home of the German Bundestag.

▶ **6** The Kaiser Wilhelm memorial church, which was destroyed during World War II and is still partly in ruins, is a further landmark in Berlin.

F

▶ **1** La cathédrale de style baroque, construite en 1708 à Berlin Deutscher Dom, fut restaurée à grands frais après la réunification.

▶ **2** La plus importante salle de représentation Zoopalast héberge, chaque année, le festival berlinois du film.

▶ **3** La Salle des congrès (1957) dans le district Tiergarten abrite aujourd'hui la maison des civilisations du monde «Haus der Kulturen der Welt».

▶ **4** Les musiciens des rues animent, comme d'habitude, les larges avenues de la capitale allemande et leurs terrasses de cafés.

▶ **5** L'ancienne résidence de la diète de l'Empire, le Reichstag, construite en 1888/89 par Paul Wallot, est désormais le siège de la Diète fédérale.

▶ **6** L'église à la mémoire de l'Empereur Guillaume, détruite pendant la Seconde Guerre mondiale, en partie en ruine, est aussi un emblème de Berlin.

▲ 1

▼ 3

▲ 2

▶ **1** Die S-Bahn fährt zwischen den Gebäuden der Berliner Museumsinsel hindurch und überquert die Spree.

▶ **2** Im Köllnischen Park, nahe dem Berliner Märkischen Museum, steht das Denkmal für den Milieuzeichner Heinrich Zille.

▶ **3** Der Blick auf den Berliner Fernsehturm und das Bodemuseum läßt sich auch von einem Rundfahrtschiff auf der Spree genießen.

▶ **4** Die größte Sehenswürdigkeit auf der Berliner Museumsinsel ist der Altar von Pergamon.

▶ **5** Das Rote Rathaus ist der Sitz des Bürgermeisters von Berlin, davor steht der märchenhafte Neptunbrunnen (1891).

▶ **1** The S-Bahn travels between the buildings of the Berlin Museum Island and crosses the Spree.

▶ **2** A monument to the "Milieuzeichner" Heinrich Zille can be found in the Köllnische Park near the Berlin Märkisches Museum.

▶ **3** One can enjoy the view onto the Berlin Television Tower and the Bodemuseum from a tourist boat on the Spree.

▶ **4** The sightseeing attraction on the Berlin Museum Island is the Altar of Pergamon.

▶ **5** The Red City Hall is the home of Berlin's reigning mayor, in front of it is the fairy tale Neptunbrunnen (1891).

▶ **1** Le métro sillonne entre les bâtiments du quartier des musées Berliner Museumsinsel et traverse le fleuve Spree.

▶ **2** Dans le Köllnischer Park, près du Märkisches Museum la statue d'Heinrich Zille, caricaturiste du milieu berlinois.

▶ **3** A une croisière en bateaumouche sur le Spree la vue recontrat sur la tour de télévision et le Bodemuseum.

▶ **4** La plus grande curiosité du quartier des musées est l'autel de Pergame.

▶ **5** L'hôtel de ville rouge est le siège du maire de Berlin. En face se dresse la merveilleuse fontaine de Neptune (1891).

▼ 4

▶ 5

▲1 ▲2 ▼3

▲ **4**

▬ D ▬

▶ **1** Die Skulptur „Der heilige Georg im Kampf mit dem Drachen" schmückt die durch das Berliner Nikolaiviertel zur Spree führende Probststraße, links die 1987 wiederaufgebaute Nikolaikirche.

▶ **2** Die von Schinkel entworfene Schloßbrücke mit ihren Marmorstatuen ist eine der schönsten Spreebrücken, im Hintergrund ragt der Dom auf.

▶ **3** Von der Aussichtsplattform der Siegessäule hat man einen großartigen Blick auf das ehemalige Ost-Berlin mit seinen markanten kirchlichen und weltlichen Türmen.

▶ **4** Das moderne Bettenhochhaus und alte Backsteinbauten bestimmen das Gesicht der berühmten Berliner Klinikstadt „Charité" am Humboldthafen.

▬ GB ▬

▶ **1** The sculpture "Holy George fighting the Dragon" stands in the Probststraße, which leads through the Berlin Nikolaiviertel to the Spree. To the left, the Nikolaikirche, rebuilt in 1987.

▶ **2** Designed by Schinkel, the Schloßbrücke with its marble statues is one of the loveliest Spree bridges. The cathedral towers in the background.

▶ **3** From the viewpoint on the Siegessäule one has a fantastic view of former East Berlin with its striking secular and church towers.

▶ **4** The modern hospital skyscrapers and the old brick buildings are characteristic features of the famous Berlin clinic town "Charité" near the Humboldthafen.

▬ F ▬

▶ **1** La sculpture «Saint George en lutte contre le dragon» orne la rue Probst qui mène au Spree en passant par le quartier berlinois Nicolas «Nikolaiviertel», à gauche l'église Nicolas, reconstruite en 1987.

▶ **2** Le «Schloßbrücke», pont esquissé par Schinkel, doté de statues en marbre, est un des plus jolis ponts du Spree, à l'arrière-plan s'élève la cathédrale.

▶ **3** Du haut de la plate-forme d'observation de la colonne de la victoire s'offre une vue grandiose de l'ancien Berlin-Est avec ses remarquables tours d'église et ses tours laïques.

▶ **4** Le gratte-ciel moderne aux nombreux lits et de vieilles constructions en briques dominent l'aspect de la célèbre ville hospitalière berlinoise «Charité», située au port d'Humboldt.

▲ 1

▼ 2

D

▶ **1** Eine Sehenswürdigkeit auf der Pfaueninsel in der Havel ist die künstliche 'Ruine' des romantischen „Traumschlößchens" der Gräfin Lichtenau, Geliebte von König Friedrich Wilhelm II.

▶ **2** Freunde der modernen Architektur schätzen das 1980 nach Plänen von Walter Gropius erbaute Bauhaus-Archiv neben der Villa von der Heydt am Tiergarten.

▶ **3** Der „sozialistische Bruderkuß" Breshnews und Honnekkers ist eines der Motive auf der „East Side Gallery", einem bemalten Reststück der Berliner Mauer am Hauptbahnhof.

▶ **4** Der 1699 vollendete prächtige Mittelbau mit dem Kuppelturm ist der für die Kurfürstin Charlotte fertiggestellte älteste Teil des barocken Schlosses Charlottenburg.

GB

▶ **1** The artificial "ruins" of the Countess of Lichtenau's romantic "dream palace" (the Countess was König Friedrich Wilhelm II's mistress) are a great attraction on the Pfaueninsel (peacock island) in the Havel.

▶ **2** Lovers of modern architecture can appreciate the Bauhaus-Archive, which was built in 1980 according to plans drawn up by Walter Gropius and is next to the Villa von der Heydt near the Tiergarten.

▶ **3** Breshnev's and Honnecker's "socialist kiss of brotherhood" is one of the motives on the "East Side Gallery" – a remaining painted segment of the Berlin wall near the Hauptbahnhof.

▶ **4** This splendid centre section (finished in 1699) with its domed tower is the oldest part of the baroque palace of Charlottenburg, built for the elector Charlotte.

F

▶ **1** Une curiosité sur l'île des paons, au bord de la Havel, est la ruine artificielle, construite en style romantique, du «petit château de rêve» de la comtesse Lichtenau, maîtresse du roi Frédéric-Guillaume II.

▶ **2** Les amoureux de l'architecture moderne apprécient le «Bauhaus-Archiv», musée des arts décoratifs, situé près de la villa von der Heydt dans le district Tiergarten et construit en 1980 d'après les plans de Walter Gropius.

▶ **3** «Le baiser fraternel socialiste» de Brejnev et Honnecker est un des motifs de la «East Side Gallery», un reste peint du mur de Berlin situé à la gare centrale.

▲ 3

▶ 4

▶ **4** Le splendide édifice au centre, achevé en 1699, doté d'une tour en coupole, est la partie la plus ancienne du château baroque de Charlottenbourg, construit pour l'Electrice Charlotte.

▲ 1

▲ 2

▼ 3

D

▶ **1** Im Viktoriapark des Berliner Stadtbezirks Kreuzberg befindet sich eine Nachbildung des „Zackelfalls" aus dem Riesengebirge.

▶ **2** Das Wannseebad ist mit über 1800 Liegestühlen und 500 Strandkörben das größte Bad Europas.

▶ **3** Im Tiergarten, dem größten Park Berlins, befinden sich zahlreiche patriotische Denkmäler aus der Kaiserzeit.

▶ **4** Der Bärenzwinger mit den Berliner Wappentieren ist ein Anziehungspunkt am Märkischen Museum.

▶ **5** Die Zitadelle von Spandau liegt mit der ehemaligen Schatzkammer, dem Juliusturm, auf einer Insel.

▶ **6** Über Grunewald und der seenartig breiten Havel ragt der 56 m hohe Grunewaldturm als Aussichtspunkt auf.

GB

▶ **1** In the Viktoriapark in the Berlin district of Kreuzberg one can find an imitation of the "Zackelfall" in the Riesengebirge.

▶ **2** With over 1800 deckchairs and 500 beach chairs, the Wannsee is the largest bath in Europe.

▶ **3** Numerous patriotic, imperialist monuments can be found in Berlin's largest park – the Tiergarten.

▶ **4** The bear enclosure is the centre of attraction at the Märkisches Museum – a bear is the symbol on Berlin's coat of arms.

▶ **5** The citadel in Spandau with the Juliusturm, the former treasury, is situated on an island.

▶ **6** The 56 m high Grunewaldturm towers over the Grunewald and the Havel.

F

▶ **1** Dans le parc Victoria du district urbain berlinois Kreuzberg se trouve une imitation du «Zackelfall», cascade des monts des Géants.

▶ **2** La station balnéaire du Wannsee, dotée de plus de 1800 chaises longues et 500 guérites de plage, est la plus grande d'Europe.

▶ **3** Dans le district urbain Tiergarten, plus grand parc de Berlin, se trouvent de nombreux monuments patriotiques, datant de l'époque de l'Empire.

▶ **4** La fosse aux ours, animaux figurant sur les armoiries de Berlin, est un point d'attraction près du Märkisches Museum (musée de la Marche).

▶ **5** La citadelle de Spandau, avec l'ancienne trésorerie, la Juliusturm (tour Jules), se trouve sur une île.

▶ **6** La tour Grunewald, point d'observation d'une hauteur de 56 m, domine Grunewald et la rivière Havel, aussi large qu'un lac à certains endroits.

▲ 4

▲ 5

▶ 6

▲ 1   ▼ 2

▬ D ▬

▶ **1**   Über dem südlichen Nebenflügel des Potsdamer Neuen Palais schwingt sich der Preußenadler empor.

▶ **2**   Das Chinesische Teehaus im Park von Sanssouci ist ringsum von vergoldeten Figuren umgeben.

▶ **3**   Terrassenförmig steigt das Gelände von der Großen Fontäne zum Schloß Sanssouci Friedrichs des Großen auf.

▶ **4**   Die historische Mühle von Sanssouci hinter den Neuen Kammern ist wiederaufgebaut worden.

▶ **5**   Die Orangerie von Sanssouci beherbergt eine Gemäldegalerie und trägt eine Aussichtsterrasse.

▬ GB ▬

▶ **1**   The Prussian eagle soars above the south wing of the New Palace in Potsdam.

▶ **2**   The Chinese Teahouse in the Sanssouci park is surrounded by golden statues.

▶ **3**   Sanssouci's terrace-like grounds extend from the great fountain up to Friedrich the Great's palace.

▶ **4**   The historical mill behind the "Neuen Kammern" (new chambers) at Sanssouci has been rebuilt.

▶ **5**   The orangery at Sanssouci houses a picture gallery and has a terraced vantage point.

▬ F ▬

▶ **1**   Au-dessus de l'aile latérale, au sud du Nouveau Palais de Potsdam, s'élance l'aigle prussien.

▶ **2**   Le salon de thé chinois, dans le parc de Sanssouci, est entouré de statues dorées.

▶ **3**   Le terrain de la Grande Fontaine s'élève en terrasse jusqu'au château Sanssouci de Frédéric le Grand.

▶ **4**   Le moulin historique de Sanssouci qui se trouve derrière les Neuen Kammern (Nouvelles Chambres), a été reconstruit.

▶ **5**   L'orangerie de Sanssouci abrite un musée de peinture et possède une terrasse d'où l'on jouit d'une belle perspective.

▲ 3

▼ 4

▼ 5

▲ 1 ▶ 2

▲ 3

=== D ===

▶ **1** In der Märkischen Schweiz im Osten von Berlin brüten noch jedes Frühjahr die Störche auf Türmen und Hausdächern.

▶ **2** Das Wahrzeichen der als Ausflugsziel sehr beliebten malerischen Inselstadt Werder südwestlich von Berlin ist die Kirche „Zum Heiligen Geist".

▶ **3** In Derwitz bei Brandenburg unternahm Otto Lilienthal 1891 den ersten Flugversuch.

▶ **4** Das Dammtor und die beiden Türme sind Teile der Stadtbefestigung von Jüterbog (15. Jahrhundert).

▶ **5** Im ehemaligen Schifferdorf Caputh bei Potsdam transportiert immer noch die 1848 eingerichtete Seilfähre Autos nach Geltow über die Havel.

▶ **6** In Neuruppin erinnert ein Denkmal an den hier im Jahre 1819 geborenen Dichter Theodor Fontane. Auch der bekannte Baumeister Schinkel stammt aus Neuruppin.

▶ **7** Auf dem Freigelände der Filmstadt Potsdam-Babelsberg, bekannt als Produktionsstätte der UFA und der DEFA, unterhalten turbulente Vorführungen die Gäste der Studiotour.

GB

▶ **1** In the "Märkische Schweiz", on the eastern side of Berlin, storks build their nests on towers and roof-tops each Spring.

▶ **2** The church "Zum Heiligen Geist" (The Holy Spirit) is a landmark in the tourist attraction and island-town of Werder, which lies south-west of Berlin.

▶ **3** Otto Lilienthal made the first flying attempt (1891) in Derwitz near Brandenburg.

▶ **4** The Dammtor and the two towers are part of Jüterbog's 15th century town fortifications.

▶ **5** In the former shipping village of Caputh near Potsdam the cable-ferry, which was established in 1848, still ferries cars across the Havel to Geltow.

▶ **6** A monument in Neuruppin honours the poet Theodor Fontane who was born here in 1819. The well-known architect Schinkel also originated from here.

▶ **7** Visitors touring the grounds of the film-town Potsdam-Babelsberg, also known as the production grounds of the UFA and DEFA, are entertained by the boisterous performances.

F

▶ **1** Dans la région de la Märkische Schweiz (Suisse de la Marche) à l'est de Berlin, les cigognes couvent leurs œufs, chaque printemps, sur les tours et les toits des maisons.

▶ **2** L'emblème de la pittoresque ville de Werder, située sur une île, but d'excursion très apprécié au sud-est de Berlin, est l'église «Chez l'Esprit Saint».

▶ **3** C'est à Derwitz près de Brandebourg que Otto Lilienthal fit, en 1891, sa première tentative d'aviation.

▶ **4** La porte d'enceinte et les deux tours font partie de la fortification de la ville de Jüterbog, datant du quinzième siècle.

▶ **5** Le bac à câbles, aménagé en 1848 à Caputh, ancien village de pêcheurs aux alentours de Potsdam, transporte encore des voitures à Geltow, en traversant le Havel.

▶ **6** Un monument se dresse à Neuruppin à la mémoire du poète Theodor Fontane, né dans la vieille en 1819. Le célèbre architecte Schinkel est aussi originaire de Neuruppin.

▶ **7** Sur le domaine de la ville cinématographique de Potsdam-Babelsberg, lieu de production des sociétés UFA et DEFA, de turbulentes présentations distraient les visiteurs des studios.

▲ 4

▼ 5

▲ 6

▼ 7

66

D

▶ **1** Das Kloster Chorin bei Eberswalde-Finow (hier die ehemalige Küche) ist vielbesucht.

▶ **2** Das Schloß Hardenberg schenkte Preußenkönig Friedrich Wilhelm III. 1814 seinem Kanzler.

▶ **3** In Schloß Rheinsberg hat Friedrich der Große 1736–1740 als Kronprinz gewohnt. Kurt Tucholsky schrieb die „Rheinsberger Erzählungen".

▶ **4** Das Schiffshebewerk Niederfinow überwindet den Höhenunterschied zwischen Oder und Havel.

▶ **5** Am gotischen Brandenburger Dom St. Peter und Paul wurde fast 700 Jahre lang gebaut.

▶ **6** Die Kirche des ehemaligen Klosters Chorin ist seit dem 30jährigen Krieg eine Ruine.

GB

▶ **1** The Chorin monastery near Eberswalde-Finow (here the former kitchen) is a much visited attraction.

▶ **2** The Hardenberg palace was a gift from the Prussian King Friedrich Wilhelm III to his chancellor in 1814.

▶ **3** Friedrich the Great spent his crown-prince days, from 1736 to 1740, in the Rheinsberg palace. The author Kurt Tucholsky wrote the "Rheinsberger Erzählungen" (stories).

▶ **4** The ship hoist at Niederfinow masters the level difference between the Oder and the Havel.

▶ **5** It took nearly 700 years to finish building Brandenburg's Gothic cathedral St. Peter und Paul.

▶ **6** The church of the former Chorin monastery has been in ruins since the Thirty Years War.

F

▶ **1** Le monastère de Chorin près de Eberswalde-Finow (sur cette photo, l'ancienne cuisine) est très fréquenté.

▶ **2** Le roi de Prusse Frédéric Guillaume III fit cadeau, en 1814, du château d'Hardenberg à son chancelier.

▶ **3** Frédéric le Grand, alors héritier de la couronne, vécut de 1736 à 1740, dans le château de Rheinsberg. Les «Rheinsberger Erzählungen» (nouvelle) sont ecrirant de Kurt Tucholsky.

▲ 1

▶ **4** L'écluse de Niederfinow compense les différences de niveau entre Oder et Havel.

▶ **5** La construction de la cathédrale gothique brandebourgeoise St. Pierre et Paul a duré près de 700 ans.

▶ **6** L'église de l'ancien monastère de Chorin est en ruine depuis la Guerre de Trente ans.

▲ 2

▼ 3

▲ 4

▲ 5

▲ 6

▲ 1

▼ 2

▼ 3

▲ 4

▶ 3 In Frankfurt an der Oder wird in der Kleist-Gedenkstätte an den Dichter Heinrich von Kleist erinnert, der hier studierte.

▶ 4 In der Wendischen Kirche (14. Jahrhundert) am Altmarkt von Cottbus, die zum früheren Franziskanerkloster gehörte, halten die Sorben ihre Gottesdienste ab.

▶ 5 Bertolt Brecht hatte sich in Buckow (Märkische Schweiz) zusammen mit seiner Frau, der Schauspielerin Helene Weigel, in den fünfziger Jahren ein Haus eingerichtet.

▶ 6 Das wiederaufgebaute Rathaus der 1945 stark zerstörten Stadt Frankfurt an der Oder ist ein Prunkstück der norddeutschen Backsteingotik.

GB

▶ 1 The Spreewald landscape, which was formed during the ice-age, invites its visitors to boat-rides on its extensive, 970 km long waterways, and to walks through its forests and meadows.

▶ 2 The ferrymen „punt" their boats quietly and serenely from the harbours in Lübbenau or Burg along the waterways of the Spreewald.

▶ 3 The Kleist-Memorial in Frankfurt an der Oder is in honour of the poet Heinrich von Kleist, who studied here.

▶ 4 Sorbes hold their church services in the 14th century Wend church at the Altmarkt in Cottbus. The church used to belong to the former Franciscan monastery.

▶ 5 Bertolt Brecht and his wife, the actress Helene Weigel, were at home in Buckow (Märkische Schweiz) during the 1950's.

▶ 6 The restorated town hall of Frankfurt an der Oder, which was badly damaged during the war, is a show-piece of north German brick architecture.

F

▶ 1 Le paysage de la forêt du Spree, façonné durant l'époque glaciaire, avec son vaste réseau de ramifications fluviales long de 970 km, ses forêts et prairies, invite à la promenade en bateaux et à l'excursion.

▶ 2 Les passeurs «poussent» au moyen de longues perches, avec une tranquille sérénité, leurs bacs transportant les excursionnistes, des ports de Lübbenau ou de Burg dans les bras du fleuve de la forêt du Spree.

▶ 3 Le lieu commémoratif de Francfort-sur-l'Oder, consacré à Kleist rappelle le souvenir du poète Heinrich von Kleist qui étudia dans cette ville.

▶ 4 Dans l'église des Wendes du quatorzième siècle, située au vieux marché de Cottbus et qui a appartenu à l'ancien monastère franciscain, les Sorbes célèbrent aujourd'hui leurs services religieux.

▶ 5 Bertolt Brecht s'était aménagé, dans les années cinquante, avec sa femme, l'actrice Helene Weigel, une maison à Buckow (Suisse de la Marche).

▶ 6 L'hôtel de ville de Francfort-sur-l'Oder, reconstruit à la suite des grandes destructions subit par la ville en 1945, est un exemple pompeux de l'art gothique en briques du Nord de l'Allemagne.

▲ 5   ▼ 6

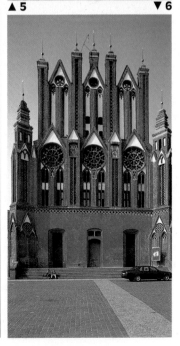

D

▶ 1 Die von der Eiszeit geformte Spreewald-Landschaft lädt mit ihren weitverzweigten, insgesamt 970 km langen Wasserarmen, ihren Wäldern und Wiesen zum Kahnfahren und Wandern ein.

▶ 2 Mit langen Stangen „staken" die Fährmänner ihre Boote von den Häfen in Lübbenau oder Burg aus mit den Ausflüglern ruhig und beschaulich durch die Flußarme des Spreewaldes.

MITTELGEBIRGSIMPRESSIONEN

Vom Weserbergland in den Harz

HIGHLAND IMPRESSIONS

From Weser highlands to the Harz

IMPRESSIONS DES MITTELGEBIRGE

Du Weser-bergland au Harz

Vom Weserberg-land in den Harz

From Weser highlands to the Harz

Du Weserbergland au Harz

D

Zwischen der norddeutschen Tiefebene und den Alpen entfalten die deutschen Mittelgebirge ihre landschaftlichen Reize. Im Zentrum Deutschlands liegen zum einen das Weserbergland nordöstlich vom Oberlauf der Weser mit dem Bückeburger Land zu seinen nördlichen „Füßen" und zum anderen der Harz östlich der Städteachse Göttingen–Hildesheim.

Der wildromantische Harz ist bekannter als das Weserbergland – zumal es ihn bis zur deutschen Wiedervereinigung sogar 'zweimal' gab: den westlichen mit der alten Kaiserstadt Goslar in Niedersachsen als Zentrum und den östlichen mit der „bunten Stadt" Wernigerode. Um den neben der Zugspitze wohl bekanntesten deutschen Berg, den sagenumwobenen Brocken, reihten sich im letzten Kriege nicht zerstörte Städte mit schönen Fachwerkhäusern. Ihren Reichtum verdankten sie einst dem Silberbergbau, heute profitieren sie vom Tourismus.

Einen markanten Berg weist das Weserbergland nicht auf, dafür aber mit der Weser einen oft malerischen Flußlauf. Hier kreuzen die weißen Ausflugsschiffe der Oberweser Dampfschiffahrt und machen von der Münchhausenstadt Bodenwerder bis zur kaiserlichen Porta Westfalica und auch flußaufwärts davon immer wieder lohnende Zwischenstationen. Neben Fachwerkhäusern ist hier der festliche Baustil der Weserrenaissance vertreten, die es an der Wesertalstraße und der Märchenstraße zu entdecken gilt.

GB

The German sub-alpine mountains display their beautiful scenery between the north German flatlands and the Alps. In the centre of Germany lie, on the one hand, the Weser highlands to the north-east of the Weser's upper-course, with the Bückeburg Land at its northern "feet"; on the other hand, there is the Harz to the east of the town-axis Göttingen – Hildesheim.

The wild and romantic Harz is more well-known than the Weser highlands – mainly because there were "two" Harz regions up until the German reunification: the western part with the old imperial town of Goslar in the centre of Lower-Saxony, and the eastern part with the "multicoloured town" of Wernigerode. Around the legendary Brocken, the most famous German mountain (apart from the Zugspitze), towns undamaged during the war with beautiful half-timbered houses can be found. Their prosperity once came from the silver mines, and today they live from tourism.

The Weser highlands do not have such a striking mountain, but instead the picturesque scenery along the Weser. The white excursion steam boats cruise along the Upper Weser, and make worthwhile stops between the Münchhausen town of Bodenwerder and the imperial Porta Westfalica and beyond. Besides half-timbered houses, the solemn architecture of the Weser Renaissance is there to be discovered along the Weser valley route.

F

Entre la basse-plaine du Nord de l'Allemagne et les Alpes, les montagnes moyennes déploient les charmes de leurs paysages. Au centre de l'Allemagne se trouvent, d'une part, au nord-est du cours supérieur du Weser, le «Weserbergland», massif montagneux, aux «pieds» duquel s'étend, au nord, la région de Buckebourg et, d'autre part, le Harz, situé par l'axe supportant les villes de Göttingen–Hildesheim.

Le Harz, région sauvage et romantique, est plus connue que le Weserbergland – d'autant plus qu'il y en eu deux jusqu'à la réunification: le Harz-Ouest avec pour centre la vieille ville impériale de Basse-Saxe: Goslar, et le Harz-Est avec la «ville colorée» de Wernigerode. Tout autour du Brocken, montagne allemande la plus connue à côté du Zugspitze et objet de bien de légendes, se rangent des villes épargnées durant la dernière guerre et dotées de jolies maisons à colombage. Ces villes devaient jadis leurs richesses aux mines d'argent; aujourd'hui, elles profitent du tourisme.

Le Weserbergland ne possède pas de montagnes remarquables, mais en revanche, un cours du Weser souvent pittoresque. Les bateaux blancs d'excursion de la société de navigation fluviale Oberweserdampfschiffahrt, y circulent. Outre les maisons à colombage, on y rencontre le magnifique style de construction Renaissance de la région du Weser qu'il est possible d'admirer le long de la route de la vallée du Weser.

D

(Seite 72, links)
Die Alte Amtspforte von 1553 in Stadthagen.

(Mitte)
Ein Wirtshausschild in Bad Karlshafen an der Weser.

(rechts)
Bunte Fachwerkhäuser und Renaissancebauten (Foto) in der „Rattenfängerstadt" Hameln.

(Seite 73)
Eine Schiffstour auf der Weser.

GB

(page 72, left)
The Alte Amtspforte (1553) in Stadthagen.

(centre)
Thirsty guests are greeted by this pub's coat of arms in the baroque town of Bad Karlshafen on the Weser.

(right)
Multicoloured half-timbered houses and Renaissance buildings (photo) in the "Pied Piper" town of Hamelin.

(page 73)
A boat trip on the Weser.

F

(page 72, gauche)
L'édifice «Alte Amtspforte» (1553) de Stadthagen.

(centre)
L'enseigne auberge dans la ville de Bad Karlshafen au bord du Weser.

(droite)
Des maisons à colombage bigarrées et des édifices Renaissance (photo) caractérisent la ville du charmeur de rats Hameln.

(page 73)
Une excursion en bateau sur le Weser.

D

► **1** Auf dem Wittekindsberg bei Minden bewacht das Denkmal Kaiser Wilhelms I. die Porta Westfalica, das „westfälische Tor".

► **2** Alleen wie hier bei Springe am Deister durchziehen in herbstlicher Farbenpracht die Mittelgebirgslandschaften.

► **3** In der reich mit Schnitzereien geschmückten Bückeburger Schloßkapelle beteten im 17. Jahrhundert die Schaumburger Grafen.

► **4** Die Bewohner des Bückeburger Landes pflegen mit ihren kunstvoll bestickten Trachten bei Heimatfesten noch altes Brauchtum.

► **5** Das prunkvolle Schloß von Bückeburg erinnert an die glanzvolle Vergangenheit der Stadt als gräfliche Residenz.

▲ **1**

GB

► **1** Kaiser Wilhelm I's monument on the Wittekindsberg near Minden guards the Porta Westfalica – "Westfalian Gate".

► **2** Avenues like this one near Springe on the Deister, traverse the sub-alpine mountain countryside.

► **3** The Schaumberg earls used to pray here in the Bückeburg castle chapel with its numerous wood-carvings.

▲ **2**

▲ **3**

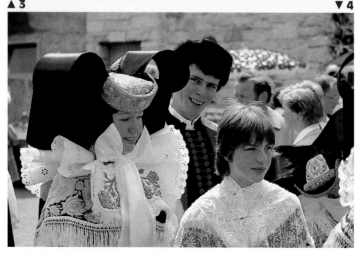

▼ **4**

► **4** The natives of the Bückeburg land have maintained an old tradition with their decoratively embroidered national costumes, which they wear at their local festivities.

► **5** The gorgeous palace of Bückeburg testifies the glorious past of the town which was once the residence of earls.

▲ 5

F

▶ **1** Au sommet du mont Wittekind près de Minden, le monument à la mémoire de l'Empereur Guillaume I veille sur la Porta Westfalica, la «Porte de Westphalie».

▶ **2** Des allées comme celles-ci, près de Springe, au pied du Deister, traversent avec leurs magnifiques couleurs automnales l'étendue des montagnes moyennes.

▶ **3** La chapelle du château de Buckebourg, riche en sculptures sur bois, fut au dix-septième siècle le lieu de recueil des comtes de Schaumbourg.

▶ **4** Les habitants de la région de Buckebourg, aux costumes folkloriques entretiennent dans le cadre de fêtes locales, de vieilles coutumes.

▶ **5** Le pompeux château de Buckebourg ravive le souvenir du brillant passé de la ville, autrefois résidence de comtes.

▲ 1   ▼ 2

► **1** Die ehemalige karolingische Reichsabtei Kloster Corvey besitzt im „Westwerk" (rechts im Bild) die älteste Kirche Westfalens.

► **2** An der Bäckerstraße in Hameln stehen die meisten historischen Häuser, darunter das Hochzeitshaus (am rechten Bildrand).

► **3** Das Kircheninnere im Westwerk des Klosters Corvey zeugt heute noch von seinen Ursprüngen im 9. Jahrhundert.

► **4** Das Denkmal für Hoffmann von Fallersleben in Corvey erinnert an den Bibliothekar der hiesigen Abtei und den Dichter des Deutschlandliedes.

► **5** In Bodenwerder wurde der „Lügenbaron" von Münchhausen geboren, den dort nach einer seiner Lügengeschichten ein Brunnen auf einer Pferdehälfte reitend darstellt.

► **6** An den Sonntagen von Mitte Mai bis Mitte September lebt die Sage vom Rattenfänger in den Hameler Freilichtspielen wieder auf.

► **1** The oldest church in Westfalia, the "Westwerk" (on the right), belongs to Corvey Monastery – the former Carolingian Imperial Abbey.

► **2** Most of Hamelin's historical houses can be found in the Bäckerstraße, one of them is the Hochzeitshaus (wedding house, on the right).

► **3** The inside of the "Westwerk" in the Corvey monastery still bears features reminding of its 9th century origin.

▲ 3

▲ 4

▲ 5 ▼ 6

▶ **4** The monument to Hoffmann von Fallersleben in Corvey honours the abbey's librarian and composer of the German national anthem.

▶ **5** The "story-telling baron" of Münchhausen was born in Bodenwerder. Here a fountain showing him riding on half of a horse, as in one of his tall stories, can be found.

▶ **6** Every Sunday from mid-May until mid-September the tale of the Pied Piper is performed in the Hamelin open-air theatre.

F

▶ **1** L'ancienne abbaye impériale carolingienne, Monastère Corvey, possède dans le «Westwerk» (l'aile-ouest, à droite sur la photo) la plus vieille église de Westphalie.

▶ **2** Le long de la rue Bäcker à Hameln s'alignent la plupart des maisons historiques, entre autres la salle des mariages (à droite sur la photo).

▶ **3** L'intérieur de l'église, située dans l'aile-ouest du monastère Corvey, témoigne encore aujourd'hui de ses origines remontant au 19. siècle.

▶ **4** Le monument de Corvey, à la mémoire de Hoffmann von Fallersleben, évoque le souvenir du bibliothécaire du monastère de la ville et du compositeur de l'hymne allemand.

▶ **5** A Bodenwerder naquit le baron mythomane de Münchhausen qu'une fontaine de la ville représente, fidèle à une de ses histoires fabuleuses, en selle sur une moitié de cheval.

▶ **6** Chaque dimanche de la mi-mai à la mi-septembre à Hameln, des représentations de théâtre en plein air, font revivre la légende du charmeur de rats.

▲ 1

D

▶ **1** Die Hauptsehenswürdigkeit von Goslar ist die im 11. Jahrhundert zum Schutze des Silberbergbaus errichtete Kaiserpfalz.

▶ **2** Zu den schönsten Talsperren im Westharz gehört der von Wäldern umgebene Oker-Stausee zwischen Braunlage und Bad Lauterberg.

▶ **3** Der Huldigungssaal im Rathaus, ein Ratsherrenzimmer aus dem 16. Jahrhundert, ist Ausdruck des früheren Reichtums von Goslar.

▶ **4** Die völlig aus Holz erbaute Nordische Stabkirche (1908) im Kurort Goslar-Hahnenklee ist einzigartig in ganz Deutschland.

▶ **5** Das Rathaus des im 17. Jahrhundert für französische Flüchtlinge (Hugenotten) gegründeten Bad Karlshafen steht direkt am Weserufer.

GB

▶ **1** Goslar's main attraction is the 11th century imperial palace, which was built to protect the silver mines.

▶ **2** Situated between Braunlage and Bad Lauterberg and surrounded by forests, the Oker-Reservoir is one of the loveliest dams in the West Harz.

▶ **3** The Huldigungssaal (a 16th century council chamber) in Goslar's town hall testifies the town's former prosperity.

▶ **4** The Norse church (1908) in the health resort of Goslar-Hahnenklee, which is made entirely out of wood, is unique in Germany.

▶ **5** Bad Karlshafen was founded in the 17th century for French Huguenot settlers. Its town hall stands on the banks of the Weser.

F

▶ **1** La principale curiosité de Goslar est le Kaiserpfalz, édifice construit au onzième siècle dans le but de protéger l'exploitation des mines d'argent.

▶ **2** Le Oker-Stausee, lac entouré de forêts, situé entre Braunlage et Bad Lauterberg, est un des plus beaux barrages de vallée de l'ouest du Harz.

▶ **3** La salle de prestation de serments de l'hôtel de ville, une chambre de conseil datant du seizième siècle, témoigne de la richesse d'autrefois de la ville de Goslar.

▶ **4** L'église Episcopale Nordique (1908) de la station thermale de Goslar-Hahnenklee, construite exclusivement en bois, est unique dans toute l'Allemagne.

▶ **5** L'hôtel de ville de Bad Karlshafen, construite au dix-septième siècle pour des réfugiés français (huguenots), se trouve au bord du Weser.

▲2

▲4

▼5

▼3

▲1 ▲2 ▼3

▶ **1** Südlich von Bad Harzburg ergießt sich der, besonders nach stärkeren Regenfällen recht beeindruckende, Radaufall ins Tal. Er wurde allerdings nicht nach seinem Lärm („Radau"), sondern nach einem Bach benannt.

▶ **2** Von der Seilbahnfahrt und ihrem 500 m hohem Ziel aus, dem Burgberg, genießt man den Ausblick auf Bad Harzburg, das älteste Heilbad im Harz, und auf das nördliche Harzvorland.

▶ **3** Die älteste „Silberstadt" des Oberharzes, Bad Grund, ist beliebt wegen ihrer gegen Rheuma und Gicht wirkenden Trink- und Badekuren.

▶ **4** Der von hübschen Fachwerkhäusern umsäumte Kornmarkt in Osterode am Südwestrand des Harzes wird überragt von der St. Ägidienkirche.

▶ **5** Die Attraktion des hoch über dem gemütlichen Städtchen Herzberg gelegenen 900 Jahre alten Welfenschlosses ist der mit Schnitzereien geschmückte prächtige Uhrturm aus dem 17. Jahrhundert.

▶ **1** To the south of Bad Harzburg, the Radaufall quite impressively gushes into the valley after heavy rainfall. However, it received its name not because of the noise ("Radau") it makes, but from a stream of the same name.

▶ **2** From the cable-car and its 500 m high destination – the Burgberg – one has a magnificent view over Bad Harzburg, the oldest health resort in the Harz, and across the northern Harz foreland.

▶ **3** The oldest "silver town" in the Harz, Bad Grund, is popular for its mineral water treatments for rheumatism and gout in the charming Upper Harz landscape.

▲ 4

▼ 5

▶ **4** Fringed by pretty half-timbered houses, the Kornmarkt in Osterode on the south-west edge of the Harz is over-looked by the St. Ägidienkirche.

▶ **5** The attraction of the 900-year-old Guelph castle, high above the pleasant little town of Herzberg, is the magnificent 17th century clock tower with its wood-carvings.

▶ **1** Au sud de Bad Harzburg, la cascade «Radaufall», très impressionnante après de fortes tombées de pluie, se déverse dans la vallée. Elle ne doit pas son nom au bruit produit vacarme («Radau»), mais à un ruisseau.

▶ **2** Du haut du funiculaire qui conduit au mont Burg, d'une hauteur de 500 m, la vue donne sur Bad Harzburg, la plus vieille station balnéaire du Harz, et sur la région limitrophe au nord du Harz.

▶ **3** La plus vieille «ville d'argent» du Harz, Bad Grund, située dans la ravissante région du Harz supérieur, est appréciée pour ses traitements par les eaux minérales, efficaces contre les rhumatismes et l'arthrite.

▶ **4** Le marché aux grains d'Osterode, entouré de jolies maisons à colombage, situé à la lisière sud-ouest du Harz, est dominé par l'église St. Ägidien.

▶ **5** L'attraction du château guelfe, âgé de 900 ans, surplombant la paisible petite ville de Herzberg, est la magnifique tour d'horloge, datant du dix-septième siècle et ornée de sculptures sur bois.

D

▶ **1** Die Winterkälte hüllt die alte Wetterstation auf dem Brocken in ein eisiges Kleid aus Schnee.

▶ **2** Die Brockenlandschaft hat trotz der menschlichen Eingriffe der letzten Jahrzehnte kaum an bizarrem Reiz verloren.

▶ **3** Vom „Altvater Brocken", den der Dichter Heinrich Heine „einen Deutschen" nannte, fällt der Blick aus 1142 m Höhe auf den Harz.

▶ **4** Wernigerode wird überragt vom gräflichen Schloß, das, häufig umgebaut, ursprünglich als Wehrburg diente.

▶ **5** Drei Annen Hohne ist der Umsteigebahnhof von der Harzquerbahn auf die Brockenbahn, auf denen noch Dampfloks verkehren.

▶ **6** Mittelpunkt der „bunten Stadt am Harz", Wernigerode, ist das Fachwerk-Rathaus, in dem immer noch gerne geheiratet wird.

GB

▶ **1** The cold winter covers the old weather station on the Brocken with an icy blanket of snow.

▶ **2** In spite of human intervention, the Brocken landscape has not lost any of its bizarre attraction during the last decades.

▶ **3** From the 1142 m high "patriarch Brocken", which the poet Heinrich Heine called "a German", one has a wonderful view across the Harz.

▶ **4** Wernigerode is overlooked by the palace, once home of earls, which has been frequently rebuilt and originally served as a fortress.

▲ **1**

▲ **2**

▼ **3**

▼ **4**

▼ **5**

▶ **6**

► **5** Drei Annen Hohne is the train station where one can transfer from the Harzquerbahn to the Brockenbahn, which still uses steam engines.

► **6** The focus point of the "multicoloured town in the Harz", Wernigerode, is the half-timbered town hall in which couples still like to be married.

━ **F** ━

► **1** Le froid hivernal enveloppe la vieille station météorologique, située au sommet du Brocken, d'un manteau de neige glacial.

► **2** Malgré les interventions humaines des dernières décennies, le paysage du mont Brokken n'a guère perdu de ses charmes bizarres.

► **3** Du sommet du «patriarche Brocken», surnommé par le poète Heinrich Heine «un Allemand», le regard se pose, 1142 m plus bas, sur le Harz.

► **4** Wernigerode est dominée par le château comtal, qui, souvent transformé, faisait à l'origine office de château fort.

► **5** La gare «Drei Annen Hohne» permet de quitter la voie transversale menant au Harz, pour celle du Brocken, encore fréquentée par des locomotives à vapeur.

► **6** Cœur de la «ville bariolée du Harz», Wernigerode, est l'hôtel de ville, maison à colombage où les mariages sont volontiers célébrés.

▲ 1

▼ 2

▲ 3

═══ D ═══

▶ **1** Das 1000jährige Quedlinburg im nordöstlichen Harzvorland besitzt über 1600 Fachwerkhäuser, darunter auch ein Fachwerkmuseum (am linken Bildrand: das Rathaus).

▶ **2** Aus der Zeit Ottos des Großen (10. Jahrhundert n. Chr.) stammt die älteste mitteldeutsche Kirche, die Basilika St. Cyriakus in Gernrode, in der sich eine Nachbildung des Grabes Christi befindet.

▶ **3** Die gotische Pfarrkirche St. Nikolai beherrscht das Stadtbild der Quedlinburger Neustadt an der von Fachwerkhäusern umstandenen Pölkenstraße.

▶ **4** Ein Beispiel für den sehenswerten Säulenschmuck an der Quedlinburger Stiftskirche St. Servatius.

▶ **5** Östlich von Blankenburg am nördlichen Harzrand steht die aus Quadersandsteinen gebildete Felsenformation der in der Abendsonne aufleuchtenden „Teufelsmauer".

▶ **6** Hoch über dem Ostharzer Selketal thront die Burg Falkenstein mit dem 30 m hohen Turm ihres Bergfrieds, wehrhaft umgeben von einer vier Meter breiten Mauer.

═══ GB ═══

▶ **1** The 1000-year-old town of Quedlinburg, in the north-east of the Harz foreland, possesses over 1600 half-timbered houses, as well as a timber-framing museum (on the left, the town hall).

▶ **2** The oldest central German church (from the times of Otto the Great, 10th century A.D.), the Basilika St. Cyriakus in Gernrode, havens a replica of Christ's tomb.

▶ **3** The Gothic parish church St. Nikolai in the Pölkenstraße with its half-timbered houses dominates the Quedlinburg New Town.

▶ **4** An example of the column ornaments on the collegiate church St. Servatius in Quedlinburg.

▶ **5** To the east of Blankenburg, on the northern perimeter of the Harz, are the ashlar cliffs of the "Devil's Wall" which are illuminated by the setting sun.

▶ **6** High above Selketal, east Harz, the Falkenstein castle stands supreme with its 30 m high watch-tower and valiantly surrounded by a four-metre-thick wall.

═══ F ═══

▶ **1** Quedlinburg, ville âgée de 1000 ans, située dans la région du nord-est contiguë au Harz, possède plus de 1600 maisons à colombage, dont un musée consacré au colombage (à gauche, sur la photo: l'hôtel de ville).

▶ **2** La plus vieille église de l'Allemagne centrale, la basilique St. Cyriakus de Gernrode dans laquelle se trouve une imitation de la tombe du Christ, date de l'époque de Otto le Grand (10. siècle après J. Chr.).

▶ **3** L'église paroissiale gothique St. Nicolas domine la physionomie de la cité nouvelle de Quedlinburg, située le long de la rue Pölken, entourée de maisons à colombage.

▶ **4** Un exemple d'ornements intéressants pouvant être admirés sur une colonne de l'église collégiale St. Servatius de Quedlinburg.

▶ **5** A l'est de Blankenburg, à la lisière septentrionale du Harz, se dresse la formation rocheuse du «Teufelsmauer» (mur du diable), façonnée dans des blocs de grès, qui se met à flamboyer au soleil couchant.

▶ **6** Le château fort de Falkenstein, avec la tour de son beffroi atteignant une hauteur de 30 m, protégé par un rempart d'une épaisseur de quatre mètres, surplombe la vallée du Selke, située dans la partie-est du Harz.

▲ **5**

▼ **6**

▼ **4**

Ländliches Westfalen und Niederrhein

MOATED CASTLES AND FARMS
Westphalia and Lower-Rhine area

CHÂTEAUX FORTS ET FERMES
Westphalie champêtre et Bas-Rhin

Ländliches Westfalen und Niederrhein

Westphalia and Lower-Rhine area

Westphalie champêtre et Bas-Rhin

D

Fast könnte man meinen, jeder Ort im nördlichen Teil Nordrhein-Westfalens besitze sein eigenes Wasserschloß, so zahlreich sind die Zeugnisse vergangener Pracht hier gesät, die sich mit Wassergräben und Zugbrükken vor Eroberern schützten. Über 100 solcher früheren Adelssitze sind noch vorhanden. Die beste Art, sie aufzufinden, ist eine Radtour, wie es auch viele Ruhrgebietler tun.

Doch Wasserschlösser und ihre schönen Parkanlagen sind nicht alles, in Nordrhein-Westfalen gibt es z. B. die westfälische Metropole Münster mit ihren gotischen Baudenkmälern zu entdecken. Das landschaftliche Spannungsfeld dieser Region reicht vom geschichtsträchtigen Teutoburger Wald im Osten bis zum breit auf Holland zufließenden Rhein-Strom im Westen.

Hier wie dort begegnet man noch Zeugnissen der Römerzeit. Das Christentum hat die bäuerliche Region an den Ausläufern der Ruhrindustrie mit einigen bedeutenden Domen und Stiftskirchen gesegnet. Die parkähnliche Landschaft des Münsterlandes, von kleineren Flüssen und dem Dortmund-Ems-Kanal durchzogen, ist auch von Pferden belebt, für deren Zucht es berühmt ist.

Nach solchen Eindrücken kann sich der Reisende unterwegs an deftiger Kost – Wurst und Schinken, Bieren und Schnäpsen wie dem kräftigen Korn – laben. Auch viele Wasserschlösser beherbergen Restaurants und einige, wie Schloß Lembeck und Burg Anhalt, sogar Hotels.

GB

Castles, protected from conquerers by their moats and drawbridges, are so numerous in the northern region of North Rhine-Westphalia, that one might think that every town in this area possesses one of its own. Over 100 of these former noble residences still exist. The best way to find them is on a bicycle tour, which is how many people from the Ruhr area get around.

However, there are not only castles with moats and beautiful parks in North Rhine-Westphalia, there is, for example, the Westphalian metropolis Münster with its Gothic architectural monuments to be discovered. The charm of the region's landscape reaches from the Teutoburg Forest in the east to the Rhine which flows towards Holland in the west.

Evidence of Roman times is to be discovered everywhere. Christianity has blessed the rural region on the outskirts of the Ruhr industrial area with several significant cathedrals and monastery churches. The park-like landscape of the Münsterland, which is traversed by small rivers and the Dortmund-Ems-Canal, is animated by horses which are bred here.

After all these impressions, the traveller can refresh himself with hearty food such as Wurst (sausage) and ham, beers and Schnaps (spirits) like the strong Korn (grain spirit). Many castles also contain restaurants and some, for example Lembeck castle and Anhalt castle, even have hotels.

F

Les vestiges de la magnificence passée qui se protégeaient des conquérants à l'aide de fossés et de ponts-levis, sont si nombreux dans la région qu'on pourrait presque penser que chaque localité située dans la partie-nord de la Rhénanie du Nord-Westphalie possède son château fort. Une centaine de ces anciennes résidences nobiliaires existent encore de nos jours. Une excursion à vélo s'impose.

Toutefois, les châteaux forts et leurs ravissants parcs ne sont pas les seules attractions en Rhénanie du Nord-Westphalie; il y a, par exemple, la métropole de Westphalie, Munster. La physionomie du paysage de cette région varie de la forêt de Teutoburg, à l'est, au fleuve du Rhin qui afflue vers la Hollande, à l'ouest.

Dans ces deux régions, on rencontre encore des vestiges de l'époque romaine. Le christianisme a comblé cette région rurale qui environne, de plus, l'industrie de la Ruhr, de quelques cathédrales et églises collégiales importantes. La région de Munster, traversé par des fleuves moyens et par le canal Dortmund-Ems, est animée par des chevaux pour l'élevage desquels elle est renommée.

Le voyageur peut se remettre de son excursion en savourant, en route, des mets substantiels. De nombreux châteaux forts abritent des restaurants et quelques-uns tels que le château de Lembeck et le château fort d'Anhalt hébergent des hôtels.

D

(Seite 88, links)
Den prachtvollen Schloßpark
von Nordkirchen bei Hamm
schmücken steinerne Statuen.

(Mitte)
Ein beliebter Freizeitsport sind
Radtouren im Münsterland.

(rechts)
Landwirtschaft mit „preußischen" Kühen und Gärtnereien
prägen weite Landstriche.

(Seite 89)
Das Museum im Schloß Lembeck
nördlich von Dorsten.

GB

(page 88, left)
Stone statues adorn the magnificent palace park in Nordkirchen near Hamm.

(centre)
A popular sport are bicycle
tours through the Münsterland.

(right)
Farming with "Prussian" cows
and horticultural nurseries are
characteristic of large areas.

(page 89)
The museum in Lembeck castle
north of Dorsten.

F

(page 88, gauche)
Des statues en pierres ornent le
splendide parc du château de
Nordkirchen près de Hamm.

(centre)
Un sport passionnant sont les
randonnées à vélo dans la
région de Munster.

(droite)
L'élevage des vaches «prussien-
nes» ainsi que l'horticulture
caractérisent de vastes étendues du paysage.

(page 89)
Le musée du château de Lembeck au nord de Dorsten.

D

▶ **1** Vom Bergfried des gräflichen Schlosses in Bad Bentheim, der größten nordwestdeutschen Burganlage, kann man bis ins nahegelegene Holland hinüberblicken.

▶ **2** Im Tecklenburger Land wird noch das traditionelle Handwerk des Korbflechtens vorgeführt, hier im Museum von Ibbenbüren.

▶ **3** In Steinfurt im Münsterland gibt es ein hübsches altes Rathaus aus dem 16. Jahrhundert zu entdecken, in dem auch heute noch festliche Empfänge bereitet werden.

▶ **4** Die Ritterburg von Schloß Steinfurt ist eine der größten Wasserburgen in Westfalen. Rechts im Bild ist eine alte Wassermühle zu sehen.

▶ **5** Im Ballon schwebend kann man das Münsterland und seine zahlreichen Wasserburgen genießen.

▶ **6** Die neuromanische Antonius-Basilika von Rheine wurde erst im Jahre 1905 erbaut. Vom 102 m hohen Turm hat man einen großartigen Rundblick.

GB

▶ **1** One can look across into nearby Holland from the watchtower of Bad Bentheim's castle, which is the largest north-west German castle.

▶ **2** The traditional handicraft of basket-weaving is demonstrated in the Tecklenburg area, here in the museum in Ibbenbüren.

▶ **3** There is a pretty, old 16th century town hall to be discovered in Steinfurt in the Münsterland. Festive receptions are still held here today.

▶ **4** The knight's castle of Steinfurt castle is one of the largest moated castles in Westphalia. On the right, an old water-mill can be seen.

▶ **5** The Münsterland and its numerous moated castles can be enjoyed from a hot air balloon ride.

▶ **6** The neo-romanesque Antonius-Basilika of Rheine was built in 1905. One has a fantastic view from the 102 m high tower.

F

▶ **1** Du haut du beffroi du château comtal de Bad Bentheim, le plus grand château fort du nord-ouest de l'Allemagne, il est possible d'apercevoir le pays limitrophe de la Hollande.

▶ **2** Dans la région de Tecklenburg, on initie encore à l'artisanat traditionnel de la vannerie, comme ici au musée d'Ibbenbüren.

▶ **3** A Steinfurt, dans la région de Munster, se trouve un charmant hôtel de ville datant du seizième siècle, où sont encore données de nos jours de magnifiques réceptions.

▶ **4** Le château féodal de Steinfurt est un des plus imposants châteaux fortifiés en Westphalie. A droite, sur la photo, on aperçoit un vieux moulin à eau.

▶ **5** Du haut d'un ballon d'observation, on peut jouir de la région de Munster et de ses nombreux châteaux forts.

◀ 1   ▲ 2   ▼ 3

▶ **6** La basilique St. Antoine de Rheine, de style roman moderne, ne fut construite qu'en 1905. Du sommet de sa tour atteignant une hauteur de 102 m, on jouit d'un panorama grandiose.

▼ 4   ▲ 5   ▲ 6

▲ 1

▲ 2 ▼ 3

▼ 4

▬ D ▬

► 1 Der Prinzipalmarkt wurde im 12. Jahrhundert als Kaufmannssiedlung gegründet und nach dem zweiten Weltkrieg originalgetreu wiederaufgebaut. Er ist das Herzstück der westfälischen Metropole Münster.

► 2 Die Universitätsstadt Münster besitzt viele gemütliche Kneipen.

► 3 Im Friedenssaal des Münsterschen Rathauses wurde 1648 der Friede zwischen Spanien und den Niederlanden geschlossen. Unbeschadet sind auch heute noch die wertvollen Holzschnitzereien.

► 4 In der Wasserburg Anholt in Isselburg nahe der holländischen Grenze sind ein Hotel und ein Museum untergebracht. Der „Dicke Turm" (links) stammt aus dem 12. Jahrhundert.

► 5 Der spätromanische St.-Paulus-Dom in Münster (1264) ist der größte westfälische Kirchenbau. Sein Glockenspiel erklingt täglich um 12 Uhr (sonntags: 12.30 Uhr).

► 6 Auch in Senden, nahe dem Dortmund-Ems-Kanal bei Münster gelegen, findet man ein Wasserschloß in schöner Parklandschaft.

▬ GB ▬

► 1 The Prinzipalmarkt (principal market place), a housing estate for merchants, was built in the 12th century and accurately reconstructed after World War II. It is the heart of the Westphalian metropolis Münster.

► 2 The university town of Münster possesses many cosy pubs.

► 3 In 1648 peace was made between Spain and the Netherlands in the Friedenssaal (Peace Hall). The valuable wooden carvings are still intact today.

► 4 A hotel and a museum can be found in the Anholt moated castle in Isselburg, near the Dutch border. The "Dicker Turm" (Fat Tower, left) was built in the 12th century.

► 5 The late romanesque St.-Paulus-Cathedral in Münster (1264) is the largest Westphalian church. Its chimes ring out at 12 o'clock every day (on Sundays at 12.30 pm).

► 6 In Senden, near the Dortmund-Ems-Canal and Münster, there is also a castle with a moat and beautiful parks.

▬ F ▬

► 1 Le «Prinzipalmarkt», cité commerçante fondée au 12. siècle, fut fidèlement reconstruite après la Seconde Guerre mondiale. C'est le cœur de la métropole de Westphalie: Munster.

► 2 La ville universitaire de Munster possède de nombreux bistros agréables.

► 3 Dans la salle de la paix de l'hôtel de ville de Munster fut conclu en 1648 un traité entre l'Espagne et les Pays-Bas. Les précieuses sculptures sur bois sont restées intactes jusqu'à nos jours.

► 4 Le château fort d'Anholt, situé à Isselburg, près de la frontière hollandaise, abrite un hôtel et un musée. La grosse tour à gauche «Dicker Turm» date du douzième siècle.

► 5 La cathédrale romane St. Paul de Munster (1264) est la plus grande église de Westphalie. Son carillon retentit, chaque jour, à midi (le dimanche: à midi et demie).

► 6 A Senden, aux environs du canal Dortmund-Ems, près de Munster, se trouve également un château fort au beau milieu d'un ravissant parc.

▲ 5   ▼ 6

▲ 1   ▼ 2

D

▶ **1** Die Größe des Herrensitzes Schloß Nordkirchen offenbart sich erst richtig aus der Vogelschau. Der prunkvolle Bau wird auch als „westfälisches Versailles" bezeichnet.

▶ **2** Ein schöner kleiner Rundbau ist die Burg Vischering in Lüdinghausen, die auf das 13. Jahrhundert zurückgeht. Sie beherbergt das Münsterlandmuseum.

▶ **3** Graf Droste zu Vischering erbaute Anfang des 17. Jahrhunderts das Wasserschloß Darfeld nordöstlich von Coesfeld.

▶ **4** Der preußische König gründete 1826 in Warendorf das Zentrum der westfälischen Pferdezucht, die jährlich mit der traditionellen Hengstparade vorgeführt wird.

▶ **5** Telgte bei Münster ist nicht nur als wichtigster Wallfahrtsort des Münsterlandes berühmt, sondern auch wegen seines Pferdemarktes.

GB

▶ **1** A birds-eye view reveals the real size of the Nordkirchen manor-house. This splendid building is also often called the "Westphalian Versailles".

▶ **2** The Vischering castle in Lüdinghausen, which dates back to the 13th century, is a pretty, little circular building. It houses the Münsterland Museum.

▶ **3** Earl Droste zu Vischering erected the Darfeld castle to the north-east of Coesfeld at the beginning of the 17th century.

▶ **4** The Prussian king founded the centre of Westphalian horsebreeding in Warendorf in 1826, which is demonstrated at the traditional, annual stallion parade.

▶ **5** Telgte, near Münster, is not just famous for being the most important place of pilgrimage in the Münsterland, but also because of its horsemarkets.

F

▶ **1** L'ampleur de la résidence seigneurale – château de Nordkirchen – ne se révèle qu'à vol d'oiseau. La pompeuse construction est aussi surnommée «Versailles de Westphalie».

▶ **2** Le château fort Vischering de Lüdinghausen qui date du treizième siècle, est un ravissant petit édifice circulaire. Il abrite le musée consacré à la région de Munster.

▶ **3** Le comte Droste de Vischering construisit, au début du siècle, le château fort de Darfeld au nord-est de Coesfeld.

▶ **4** Le roi de Prusse fonda en 1826, à Warendorf, le centre d'élevage de chevaux de Westphalie qui est présenté, chaque année, dans le cadre d'un traditionnel défilé d'étalons.

▶ **5** Telgte, près de Munster, n'est pas seulement célèbre comme lieu de pèlerinage le plus important, mais aussi pour son marché aux chevaux.

▲ 3

▲ 4 ▼ 5

▲ 1

▼ 2

▼ 3

D

▶ **1** Das Paderborner Rathaus, 1620 fertiggestellt, ist in der typischen Architektur der Weser-Renaissance gestaltet.

▶ **2** Die Universitäts- und Industriestadt Bielefeld am Teutoburger Wald stellt mit 320.000 Einwohnern das Zentrum Ostwestfalens dar.

▶ **3** Im Paderborner Dom ruhen die Gebeine des heiligen Liborius. Ihm zu Ehren wird ein Fest gefeiert.

▶ **4** Die Hauptattraktion im Naturpark Eggegebirge (Teuto-burger Wald) sind die geheim-nisvollen Externsteine, die wohl auf eine germanische Kultstätte zurückgehen.

▶ **5** Das Hermannsdenkmal bei Detmold erinnert an den Che-ruskerfürsten Arminius, der hier angeblich die Römer besiegte.

▶ **6** Das Rathaus von Minden beherbergt in seinem Keller ein sehenswertes Tonnengewölbe mit Bierstube.

▶ **7** In den noch erhaltenen Mindener Rathauslauben aus dem 13. Jahrhundert wurde einst Gericht gehalten.

GB

▶ **1** The Paderborn town hall, which was finished in 1620, is typical of Weser-Renaissance architecture.

▶ **2** With its 320,000 inhabi-tants, the university and indus-trial town of Bielefeld in the Teutoburg Forest is the centre of eastern Westphalia.

▶ **3** The remains of Holy Libo-rius lie in the Paderborn cathe-dral. A festival is celebrated in his honour.

◀ 4   ▲ 5

▲ 6   ▼ 7

▶ **4** The mysterious stones, which probably go back to a Germanic place of worship, are the main attraction in the Eggegebirge nature park (Teutoburg Forest).

▶ **5** The Hermann monument near Detmold commemorates the chieftain Arminicus, who supposedly defeated the Romans here.

▶ **6** The Minden town hall houses a barrel-vault with a taproom which is worth seeing.

▶ **7** Tribunal court used to be held in the preserved 13th century town hall in Minden.

═ **F** ═

▶ **1** L'hôtel de ville de Paderborn, achevé en 1620, est une construction de style Renaissance spécifique à la région du Weser.

▶ **2** La ville universitaire et industrielle de Bielefeld, au bord de la forêt de Teutoburg, représente, avec ses 320.000 habitants, le centre de la Westphalie orientale.

▶ **3** Dans la cathédrale de Paderborn reposent les ossements de Saint Liborius. Une fête est célébrée en son honneur.

▶ **4** L'attraction principale du parc national d'Eggegebirge (forêt de Teutoburg) sont les mystérieux menhirs «Externsteine», sans doute jadis, sanctuaire germanique.

▶ **5** Le monument Hermann près de Detmold évoque le souvenir du prince des Chérusques Arminius, soi-disant vainqueur des Romains dans cette ville.

▶ **6** L'hôtel de ville de Minden abrite dans son intéressante cave en forme de voûte une brasserie.

▶ **7** C'est sous les arcades encore existantes de l'hôtel de ville de Minden, datant du treizième siècle, que fut jadis rendue la justice.

▲ 1

D

▶ **1** In Emmerich strömt der Rhein, vorbei an der ehemaligen Stiftskirche St. Martini, gen Holland.

▶ **2** Das „Haus zu den fünf Ringen" in Goch ist eines der schönsten mittelalterlichen Patrizierhäuser am Niederrhein.

▶ **3** Braunkohlenkraftwerke wie das von Niederaußem sind typisch für die nordrhein-westfälische Industrielandschaft.

▶ **4** Das niederrheinische Xanten war schon zu Römerzeiten eine wichtige Stadt („Colonia Ulpia Traiana") – in der Bildmitte der Dom.

▶ **5** Der St.-Viktor-Dom in Xanten besitzt über 20 Altäre, darunter den berühmten Marienaltar von Douvermann.

▶ **6** Der wiederaufgebaute Willibrod-Dom am Großen Markt in Wesel geht auf eine Kapelle aus dem 8. Jahrhundert zurück.

GB

▶ **1** The Rhine flows past the former monastery church St. Martini in Emmerich on its way to Holland.

▶ **2** The "house to the five rings" in Goch is one of the loveliest medieval patrician houses in the Lower-Rhine area.

▶ **3** Coal power stations, such as the one in Niederaußem, are typical of the North Rhine-Westphalian industrial landscape.

▶ **4** The Lower-Rhenish town of Xanten was an important town even in Roman times ("Colonia Ulpia Traiana") – the cathedral in the centre.

▶ **5** The St.-Viktor Cathedral in Xanten houses over 20 altars. The famous Marienaltar by Douvermann is one of them.

▶ **6** The restored Willibrod cathedral on the Großer Markt (Great market square) in Wesel can be traced back to an 8th century chapel.

F

▶ **1** Le Rhin traverse Emmerich, contourne l'ancienne église collégiale St. Martin et poursuit son cours vers la Hollande.

▶ **2** La «Haus zu den fünf Ringen» (maison des cinq anneaux), située à Goch, est une des plus jolies maisons médiévales patriciennes du Bas-Rhin.

▶ **3** Les centrales électriques à la lignite, comme celle de Niederaußem, caractérisent le paysage industriel de la Rhénanie Nord-Westphalie.

▶ **4** Xanten, ville du Bas-Rhin, occupa déjà durant l'époque romaine une place importante («Colonia Ulpia Traiana») – au centre de la photo, la cathédrale.

▶ **5** La cathédrale St. Victor, située à Xanten, possède plus de 20 autels, parmi lesquels se trouve le célèbre autel de la Vierge de Douvermann.

▶ **6** La cathédrale Willibrod, située sur la place «Großer Markt» de Wesel et qui fut reconstruite, a pour origine une chapelle du 8. siècle.

99

▲ 2

▲ 3   ▼ 4

▼ 5   ▼ 6

STÄDTELANDSCHAFTEN

An Rhein und Ruhr

101

TOWN LANDSCAPES
Along the Rhine and the Ruhr

PAYSAGES URBAINS
Au bord du Rhin et de la Ruhr

An Rhein und Ruhr

Along the Rhine and the Ruhr

Au bord du Rhin et de la Ruhr

D

Immer noch kann man das riesige Städtegebilde, das sich von Moers am Niederrhein bis nach Dortmund in Westfalen erstreckt, mit der Straßenbahn durchqueren. Früher beherrschten Industrieschlote, Hochöfen und die in Betrieb befindlichen Fördertürme der Zechen das Bild, doch längst hat sich die Region in ihrer Struktur gewandelt. Heute findet man hier Dienstleistungsbetriebe und „saubere" Industriezweige.

Kein anderes Gebiet in Deutschland hat einen solchen Wandel mitgemacht, für den es an Rhein und Ruhr historisch, landschaftlich und kulturell sehr gute Voraussetzungen gab. Der Rhythmus starker Städte hält das Land in Bewegung. Allen voran die Domstadt Köln, eines der meistbesuchten Reiseziele Deutschlands, und die Landeshauptstadt Düsseldorf, früher gerne „Schreibtisch des Ruhrgebiets" genannt. Hinzu kommt ein Menschenschlag, der nicht nur zu arbeiten versteht, sondern genauso gerne auch seinen Hobbies nachgeht und Feste feiert.

Die Adern des Landes bilden die Flüsse Rhein, Ruhr, Wupper und Sieg. Das vom rechten Rhein- bis zum linken Ruhrufer reichende Bergische Land widerlegt mit Bergen, Tälern und Orten mit bunten Fachwerkhäusern die Vorstellung, die Region sei ein flaches, graues Land. Der Niederrhein ist von weiten Auen geprägt. Auch kulturell hat dieser Landstrich einiges zu bieten, eine Vielzahl an berühmten Theatern und Museen.

GB

Trams still traverse the vast town agglomeration which stretches from Moers on the Lower-Rhine to Dortmund in Westphalia. Industrial chimney stacks, blast furnaces and the hoisting towers of the mindes used to dominate the whole area, but the region has long since changed its appearance. Today one finds service businesses and "clean" branches of industry.

No other area in Germany has gone through such a metamorphosis, which was made possible by the historical, scenic and cultural basis present in the Rhine and Ruhr regions. The rhythm of the strong towns keeps the state in movement. In the foreground, the cathedral town of Cologne, one of the most visited towns in Germany, and the state capital Düsseldorf, once called the "Ruhr area's office table". Further, the breed of man living in this area – he not only knows how to work, but he also just as much likes to pursue his hobbies and celebrate.

The veins of the state are formed by the rivers: Rhine, Ruhr, Wupper and Sieg. With its mountains, valleys and towns with colourful half-timbered houses, the Bergisches Land, which reaches from the right-side of the Rhine to the left-side of the Ruhr, refutes the presumption that the region is flat and grey. Water-meadows are characteristic of the Lower-Rhine area. This region also has many cultural attractions with numerous famous theatres and museums.

F

On peut encore traverser en tramway l'immense agglomération qui s'étend de la ville de Moers dans le Bas-Rhin jusqu'à Dortmund en Westphalie. Jadis, les cheminées industrielles, les hauts fourneaux et les chevalements des mines, alors en service, dominèrent le paysage; la région a, toutefois, subit depuis longtemps une transformation structurelle. Aujourd'hui, des entreprises du tertiaire et des branches d'industrie «propres» sont établies dans cette région.

Aucune région en Allemagne n'a connu une telle métamorphose, favorisée par les conditions historiques, géographiques et culturelles propices au bord du Rhin et de la Ruhr. De grandes villes maintiennent, de par leur rythme, le Land en mouvement. En tête, la ville de Cologne avec sa cathédrale, but touristique le plus fréquenté d'Allemagne, et Düsseldorf, capitale du Land, volontiers surnommée jadis «bureau de la Ruhr».

Les fleuves du Rhin, de la Ruhr, du Wupper et du Sieg constituent les artères du Land. Le «Bergisches Land», région qui s'étend de la rive droite du Rhin jusqu'à la rive gauche de la Ruhr, réfute avec ses montagnes, vallées et villages aux maisons à colombage bariolées, l'opinion selon laquelle la contrée est plate et monotone. Le Bas-Rhin est caractérisé par de vastes prairies. Dans le domaine culturel, l'offre de cette région est également considérable, par exemple, un grand nombre de célèbres théâtres et musées.

(Seite 102, links)
Auf dem Dach der Bundes-
kunsthalle in Bonn sind Wech-
selausstellungen mit Skulpturen
zu sehen.

(Mitte)
Hochofenabstich in Duisburg –
seltenes Industrie-Schauspiel.

(rechts)
Das Deutsche Bergbaumuseum
in Bochum.

(Seite 103)
Der Industrielle Alfried Krupp
hat seinen Wohnsitz, die Villa
Hügel in Essen, selbst entworfen.

GB

(page 102, left)
Sculpture exhibitions can be
visited on the roof of the Bun-
deskunsthalle (Federal Art Gallery) in Bonn.

(centre)
Blast furnaces in Duisburg – a
rare industrial spectacle.

(right)
The German Mining Museum in
Bochum.

(page 103)
The industrialist Alfried Krupp
designed his family home, the
Villa Hill in Essen, himself.

F

(page 102, gauche)
Sur le toit du musée national de
l'art ont lieu alternativement
des expositions de sculptures.

(centre)
Un haut fourneau en activité à
Duisburg – un spectacle rare.

(droite)
Le musée de Bochum, consacré
à l'industrie minière allemande.

(page 103)
L'industriel Alfried Krupp a
esquissé, de ses propres mains,
les plans de sa résidence fami-
liale, Villa Hügel à Essen.

▲ 1   ▶ 2

▲ 3   ▼ 4

D

► **1** Zu den großen sportlichen Ereignissen im Ruhrgebiet gehören die Spiele der traditionsreichen Fußballmannschaft FC Schalke 04 im Gelsenkirchner Stadion.

► **2** Im Dortmunder Westfalenpark steht der 220 m hohe Fernsehturm „Florian" als Überbleibsel der Bundesgartenschau 1959 und Wahrzeichen der „Bierstadt".

► **3** Die Kumpels (Bergleute) haben das Industrierevier an Rhein und Ruhr mitgeprägt. Heute sind sie zum Teil in andere Berufe übergewechselt.

► **4** Der Möhne-Stausee bei Soest, eine der ältesten Talsperren des Sauerlandes (1912), ist ein Dorado für Wassersportler und ein beliebtes Ausflugsziel.

► **5** Eine Attraktion in Bochum ist das Planetarium. Astronomische Vorgänge werden hier auf eine Kuppelfläche projiziert, die einen Durchmesser von 20 m umfaßt.

► **6** In Bochum befinden sich seit der industriellen Umgestaltung des Ruhrgebiets Unternehmen der Elektroindustrie und ein großes Werk der Autofirma Opel.

► **7** Den Eingang der ehemaligen Maschinenhalle der Zeche Zollern II (heute Westfälisches Industriemuseum) in Dortmund zieren Jugendstilornamente der Jahrhundertwende.

► **8** Steinkohleförderung in der Zeche Ewald in Herten.

GB

► **1** The football matches of the traditional football team FC Schalke 04 in the Gelsenkirchen stadium belong to the great sport events in the Ruhr area.

► **2** The 220 m high Television tower "Florian" stands in the Dortmund Westfalen Park (venue of the Federal Garden Show in 1959) and is the new landmark of the "beer town".

► **3** The "Kumpels" (coalminers) were characteristic of the industrial landscape on the Rhine and Ruhr. Today they have mostly changed to other professions.

► **4** The Möhne Dam near Soest, one of the oldest dams in the Sauerland (1912), is a paradise for water-sportsmen and a popular day-trip destination.

► **5** The planetarium in Bochum is a real attraction. Astronomical processes are projected onto a domed surface which is 20 metres in diameter.

► **6** Companies from the electrical industry and the large Opel car factory have been situated in Bochum since the industrial transformation in the Ruhr area.

► **7** The entrance to the former engineering works of the mine Zollern II (today the Westphalian Industrial Museum) in Dortmund is adorned with art nouveau decorations dating back to the turn of the century.

► **8** Coal-mining in the Ewald mine in Herten.

▲ **5**   ▼ **6**

▼ **7**

▼ **8**

F

► **1** Les matchs de la légendaire équipe de football «FC Schalke 04», disputés dans le stade de Gelsenkirchen, font partie des événements sportifs les plus importants de la région de la Ruhr.

► **2** Dans le parc de Westphalie de Dortmund, reliquat de l'exposition nationale d'horticulture de 1959, se dresse la tour de télévision «Florian», nouvel emblème de «la ville de la bière».

► **3** Les mineurs (Kumpels) ont influencé la région industrielle située au bord du Rhin et de la Ruhr. Aujourd'hui, ils exercent en partie d'autres professions.

► **4** Le lac de retenue Möhne près de Soest, un des plus anciens barrages du Sauerland (1912), est un but d'excursion apprécié et un Eldorado pour les amoureux de sports nautiques.

► **5** Une attraction à Bochum est le planétarium. Des mécanismes astronomiques y sont projetés sur la surface d'une coupole atteignant 20 m de diamètre.

► **6** Depuis le réorganisation industrielle de la Ruhr, il y a à Bochum des entreprises de l'industrie électrique ainsi qu'une grande usine du constructeur automobile Opel.

► **7** Des ornements d'Art Nouveau du début du siècle, décorent l'entrée de l'ancienne salle des machines de la mine Zollern II à Dortmund (aujourd'hui musée industriel de Westphalie).

► **8** Extraction de la houille dans la mine Ewald à Herten.

D

▶ **1** Aus dem Jahre 1771 stammt das „Märchenschloß" Beck in der noch recht jungen Ruhrgebietsstadt Bottrop. Berühmt ist hier auch der Pferdemarkt.

▶ **2** „Taubenväter" werden die im Ruhrgebiet traditionell angesiedelten Taubenzüchter genannt – früher eine Lieblingsbeschäftigung der Bergleute in ihrer Freizeit.

▶ **3** Das Wilhelm-Lehmbruck-Museum in Duisburg zeigt neben dem Schaffen dieses einheimischen Bildhauers auch internationale Skulpturenkunst des 20. Jahrhunderts.

▶ **4** Der Duisburger Hafen am Zusammenfluß von Rhein und Ruhr ist der größte Binnenhafen der Welt. Er umfaßt ein Gelände von 12 Quadratkilometern.

▶ **5** Das Ruhrtal wie hier in Essen-Kettwig läßt mit seinen landschaftlichen Schönheiten das nahe Industriegebiet völlig vergessen.

▶ **6** Essen, die größte Stadt im Ruhrgebiet, hat sich von der Hochburg der Schwerindustrie zum Dienstleistungszentrum entwickelt.

GB

▶ **1** The "fairy-tale" Beck castle was built in 1771 in the relatively young Ruhr town of Bottrop. The horse-markets here are also famous.

▶ **2** The pigeon breeders, who traditionally settled in the Ruhr area, are called "pigeon fathers" – pigeon breeding used to be a popular pastime of the miners.

▶ **3** The Wilhelm-Lehmbruck Museum in Duisburg not only exhibits works of the native sculptor, but also international, 20th century sculptures.

▶ **4** The Duisburg harbour, on the confluence of the Rhine and Ruhr, is the world's largest inland harbour. The harbour area spans 12 square kilometres.

▶ **5** The scenic beauty of the Ruhr valley, here in Essen-Kettwig, makes one oblivious of the nearby industrial area.

▶ **6** Essen, the largest town in the Ruhr area, has developed from a stronghold of the mining, iron and steel industries to a centre for the service industry.

▲ **1**

▲ **2**　　　　　　▼ **3**

F

▶ **1** Le «château féerique» Beck, situé dans la ville de la Ruhr relativement récente Bottrop, date de 1771. Le marché aux chevaux y est aussi célèbre.

▶ **2** «Taubenväter» (Pères des pigeons) est le surnom des traditionnels éleveurs de pigeons, établis dans la région de la Ruhr – autrefois passe-temps favori des mineurs durant leurs loisirs.

▶ **3** Le musée Wilhelm-Lehmbruck de Duisburg montre, outre les œuvres de ce sculpteur autochtone, l'art sculptural international du vingtième siècle.

▶ **4** Le port de Duisburg, au confluent du Rhin et de la Ruhr, est le plus grand port fluvial du monde. Il comprend un terrain de 12 kilomètres carrés.

▶ **5** La vallée de la Ruhr, ici à Essen-Kettwig, permet grâce aux beautés de son paysage, d'oublier complètement la proximité de la zone industrielle.

▶ **6** Essen, plus grande ville de la région de la Ruhr, jadis citadelle de l'industrie lourde, s'est transformée en centre du secteur tertiaire.

▲ **4**

▼ 5

▼ 6

▲ 1   ▲ 2   ▼ 3

D

▶ **1** Das Düsseldorfer Schauspielhaus (Neubau von 1970) kann auf eine lange Tradition zurückschauen: von Luise Dumont bis Gustaf Gründgens und Karl-Heinz Stroux.

▶ **2** Der berühmte Architekt Henry van de Velde entwarf die beeindruckende Eingangshalle des Osthaus-Museums in Hagen. Hier wird deutsche Kunst des frühen 20. Jahrhunderts ausgestellt.

▶ **3** Das Düsseldorfer Stadtpanorama wird mitgeprägt vom Thyssen-Hochhaus (Mitte) und vom ältesten rheinischen Hochhaus, dem Wilhelm-Marx-Haus von 1924 (rechts).

▶ **4** Im Hagener Freilichtmuseum sind Maschinen aus der großen Vergangenheit der rheinisch-westfälischen Schwerindustrie ausgestellt.

GB

▶ **1** The Düsseldorf theatre (1970) looks back onto a long and traditional past: from Luise Dumont to Gustaf Gründgens and Karl-Heinz Stroux.

▶ **2** The famous architect Henry van de Velde designed the impressive entrance hall of the Osthaus Museum in Hagen. Here, early 20th century German art is exhibited.

▶ **3** The Thyssen-Skyscraper (centre) and the oldest Rhenish skyscraper, the Wilhelm-Marx-House (1924, right), are characteristic of the Düsseldorf town panorama.

▶ **4** Machines from the times of the Rhenish-Westphalian mining, iron and steel industry are on exhibition in the Hagen open-air museum.

F

▶ **1** La salle de spectacle de Düsseldorf (construction datant de 1970) jouit d'une longue tradition: de Luise Dumont, en passant par Gustaf Gründgens et Karl-Heinz Stroux.

▶ **2** Le célèbre architecte Henry van de Velde conçut l'impressionnante entrée du «Osthaus-Museum», musée de Hagen. L'art allemand du début du vingtième siècle y est exposé.

▶ **3** Le panorama de la ville de Düsseldorf est dominé par le gratte-ciel Thyssen (au centre) et par le plus ancien gratte-ciel rhénan, le bâtiment Wilhelm-Marx datant de 1924 (à droite).

▶ **4** Dans le «Freilichtmuseum» de Hagen sont exposées des machines datant de l'apogée connue par l'industrie lourde dans la région du Rhin et de Westphalie.

▼ **4**

▲ 1

▲ 2   ▼ 3

━━ **D** ━━

▶ **1** Der Turm des Rathauses von Remscheid im Bergischen Land erinnert an eine Burg. Die Stadt ist bekannt für ihre bedeutende Werkzeugindustrie.

▶ **2** Im Bergischen Land sind noch viele prächtige Bürgerhäuser erhalten. Besonderes Merkmal: die Schieferverkleidung und die reich verzierten Eingänge.

▶ **3** In Hückeswagen bei Remscheid sind ganze Straßenzüge in der bergischen Schieferarchitektur erhalten.

▶ **4** Solingen ist bekannt für seine Klingen, deren Schleifen ein hohes handwerkliches Geschick erfordert. Ihre Tradition wird im Deutschen Klingenmuseum dargestellt.

▶ **5** Ein einzigartiges Verkehrsmittel ist die über 13 km lange Wuppertaler Schwebebahn. Sie wurde 1901 über der Wupper und einem Straßenzug errichtet.

► **6** Im Zentrum der Großgemeinde Odenthal bei Bergisch Gladbach umgeben einige hübsche Fachwerkhäuser die Pfarrkirche mit ihrem kleinen alten Friedhof.

► **7** Die Wupper – hier bei Wipperaue – ist der Hauptfluß des Bergischen Landes. Er prägt die Stadt Wuppertal und trieb an seinem Oberlauf viele Hammerwerke an.

GB

► **1** The town hall tower in Remscheid in the Bergisches Land reminds of a castle. The town is well-known for its significant tool industry.

► **2** Many splendid town houses have been preserved in the Bergisches Land. Characteristic features are the slate facing and the decorative entrances.

► **3** Whole streets of Bergisch slate architecture have been preserved in Hückeswagen near Remscheid.

► **4** Solingen is well-known for its blades, the sharpening of which requires much skill. This traditional craft is demonstrated in the German Blade Museum.

► **5** The over 13 km long Wuppertal suspension-railway is a unique means of transport. It was built across the Wupper in 1901.

► **6** In the centre of the municipal town of Odenthal near Bergisch Gladbach, the parish church with its little, old cemetery is surrounded by several pretty, half-timbered houses.

► **7** The Wupper – here near Wipperaue – is the main river in the Bergisches Land. It is characteristic of the town of Wuppertal and many ironworks used to operate on its upper course.

F

► **1** La tour de l'hôtel de ville de Remscheid, ville du «Bergisches Land», ressemble à celle d'un château fort. La ville est célèbre pour son importante industrie de l'outillage.

► **2** Dans le «Bergisches Land» existent encore beaucoup de splendides maisons bourgeoises. Caractéristique particulière: le revêtement en ardoise et les entrées richement décorées.

► **3** A Hückeswagen, près de Remscheid, toute une série de rues exhibe l'architecture en ardoise, propre au «Bergisches Land».

► **4** Solingen est célèbre pour ses lames dont l'aiguisage nécessite une grande habilité artisanale. Cette tradition est dépeinte au musée allemand de la lame.

► **5** Un moyen de transport singulier est le téléphérique de Wuppertal, d'une longueur dépassant 13 km. Il fut construit en 1901, au-dessus du Wupper et de rues.

► **6** Au centre de la municipalité d'Odenthal près de Bergisch Gladbach, de jolies maisons à colombage entourent l'église paroissiale et son vieux petit cimetière.

► **7** Le Wupper – ici près de Wipperaue – est le fleuve principal du «Bergisches Land». Il caractérise la ville de Wuppertal et attira dans son cours supérieur de nombreuses forges.

▲ **4**

▲ **5**

▲ **6**　　　　　　　▼ **7**

D

▶ **1** Ein einzigartiges architektonisches Nebeneinander bieten der Kölner Dom und das davor liegende Museum Ludwig.

▶ **2** Die neueste Errungenschaft der Kölner Museumsszene ist das Schokoladenmuseum von Imhof. Es wurde um ein ehemaliges Zollamt am Rhein herumgebaut.

▶ **3** Schloß Augustusburg in Brühl bei Bonn war zu den Glanzzeiten der ehemaligen Bundeshauptstadt oft Schauplatz großer Staatsempfänge.

▶ **4** Das nach Entwürfen von Balthasar Neumann gestaltete Treppenhaus im barocken Lust- und Jagdschloß Brühl ist wohl das schönste seiner Art.

▼ **1**

▶ **5** Neben dem Dom bestimmen der mächtige Turm und die vier Ecktürme der Kirche Groß St. Martin das Gesicht der Kölner Altstadt.

GB

▶ **1** Cologne cathedral and the Ludwig Museum present a unique combination of architectural forms.

▶ **2** The latest acquisition made by the Cologne museums is the Chocolate Museum in Imhof. It was built around a former customs-house on the Rhine.

▶ **3** The Augustus castle in Brühl near Bonn was often the stage for state receptions while Bonn was the German capital.

▶ **4** The stairwell in the baroque country seat and hunting lodge in Brühl, which was built according to plans drawn up by Balthasar Neumann, is probably the most beautiful of its kind.

▶ **5** The mighty tower and the four corner towers of the Great St. Martin's church next to the cathedral characterize the face of Cologne's old town.

F

▶ **1** La cathédrale de Cologne devant laquelle se dresse le musée St. Louis est un exemple singulier de cohabitation architecturale.

▶ **2** La dernière acquisition à Cologne, en matière de musée, est le musée du chocolat d'Imhof. Il fut construit, au bord du Rhin, tout autour d'un ancien bureau de douane.

▶ **3** Le château fortifié de St. Auguste à Brühl près de Bonn fut souvent témoin, durant l'apogée de l'ancienne capitale fédérale, d'importantes réceptions.

▶ **4** L'escalier du château baroque de plaisance et de chasse à Brühl, esquissé d'après les plans de Balthasar Neumann, est certainement l'un des plus jolis de ce genre.

▶ **5** Outre la cathédrale, l'imposante tour et les quatres tours angulaires de l'église Groß St. Martin caractérisent la physionomie de la vieille cité de Cologne.

▲ **2**

▼ **3**

▲ 4

▲ 5

▲ 1   ▶ 2

D

▶ **1**   Auf dem Alten Friedhof in Bonn befindet sich neben anderen Berühmtheiten die Grabstätte des Komponistenehepaares Robert und Clara Schumann.

▶ **2**   Zu den wichtigsten Museen der Bundesstadt Bonn zählt die neue Kunst- und Ausstellungshalle der Bundesrepublik Deutschland an der Friedrich-Ebert-Allee.

▶ **3**   Im Kurfürstlichen Schloß aus dem 18. Jahrhundert ist heute die Bonner Universität untergebracht, im Hofgarten davor halten sich bei schönem Wetter Studenten und andere Bürger auf.

▶ **4**   Aachen ist die Kaiserstadt Karls des Großen (Denkmal), im Münster wurde er im 10. Jahrhundert n. Chr. gekrönt und nach seinem Tod beigesetzt. Geographisch liegt die Stadt an zwei Grenzen: der niederländischen und der belgischen.

▶ **5**   Das Aachener Münster wurde seit dem Ende des 9. Jahrhunderts n. Chr. mehrere Jahrhunderte lang ausgebaut. Sein Kern ist das achteckige Oktogon Karls des Großen.

▶ **6**   Auf dem Marktplatz gedenkt Bonn des größten Sohnes seiner Stadt Ludwig van Beethoven, dessen Geburtshaus (1770) als Museum in der Nähe zu besichtigen ist.

▶ **7**   Das Aachener Rathaus steht auf den Grundmauern der ehemaligen Kaiserpfalz von Karl dem Großen.

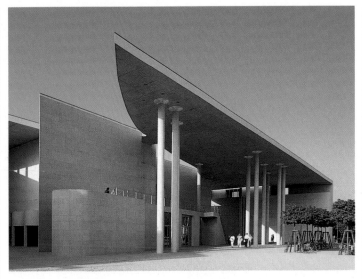

GB

▶ **1**   The graves of the composer couple Robert and Clara Schumann, and those of other famous people, can be found in the Alter Friedhof (Old Cemetery) in Bonn.

▶ **2**   The new Art and Exhibition Hall of the Federal Republic of Germany on the Friedrich-Ebert Avenue is one of the most important museums in Bonn.

▶ **3**   The 18th century electoral palace in Bonn today houses the university – students and citizens like to visit the Hofgarten (gardens in front of the palace) when the weather is fine.

▶ **4**   Aachen is the imperial city of Charles the Great (monument) – he was crowned in the minster in the 10th century and later buried here. The city lies near two borders: to the Netherlands and to Belgium.

▶ **5**   It has taken since the end of the 9th century A.D. to finish building the Aachen minster. Charles the Great's octagon is the heart of the building.

▶ **6**   Bonn's greatest son, Ludwig van Beethoven, is honoured on the market square. His birthhouse (1770) nearby is a museum and can be visited.

▶ **7**   Aachen's town hall stands on the foundation walls of Charles the Great's former imperial palace. It was beautifully reconstructed after 1945.

F

▶ **1**   Sur le Vieux Cimetière de Bonn se trouvent, à côté de nombreuses célébrités, les tombes des compositeurs Robert et Clara Schumann.

▶ **2**   Le nouveau musée d'art et d'exposition de la République fédérale allemande, sur l'allée Friedrich-Ebert, compte parmi les lieux de loisir les plus importants de la ville de Bonn.

▶ **3**   Le château électoral du 18. siècle abrite aujourd'hui l'université de Bonn. Lorsqu'il fait beau, les étudiants et habitants se prélassent dans les jardins situés devant le château.

▶ **4**   Aix-la-Chapelle est la ville de l'Empereur Charles le Grand (monument). Il fut couronné au 10. siècle après J. C. et inhumé dans la cathédrale. La ville se trouve au bord de deux frontières: celle des Pays-Bas et de la Belgique.

▶ **5**   A partir de la fin du 9. siècle, la cathédrale d'Aix-la-Chapelle fut agrandie au fil de plusieurs siècles. Son cœur est l'octogone de Charles le Grand.

▲ 3   ▼ 4

▶ **6**   Bonn commémore, sur la place du marché, la mémoire de l'enfant le plus célèbre de la ville, Ludwig van Beethoven, dont la maison natale (1770), située dans le voisinage et transformée en musée, peut être visitée.

▶ **7**   L'hôtel de ville d'Aix-la-Chapelle se dresse sur les soubassements de l'ancien château impérial de Charles le Grand qui fut habilement reconstruit, après 1945.

▼ 5

▼ 6

▼ 7

Im schönen Hessen

Von Kassel nach Frankfurt

BEAUTIFUL
HESSEN
From Kassel
to Frankfurt

LE JOLI LAND
D'HESSE
De Kassel à
Francfort

Von Kassel nach Frankfurt

From Kassel to Frankfurt

De Kassel à Francfort

D

Vom Tourismus ist es nicht mehr unberührt, denn mit seinen Fachwerkstädten, vor allem Alsfeld und Marburg, seinen Mittelgebirgslandschaften vom Taunus bis zur Rhön, vom Rothaargebirge bis zum westlichen Odenwald, den Gewässern von Edersee, Lahn und Main, ist Hessen eine Rundreise wert. Immerhin ist Hessen von alters her Durchgangsland, aber auch deutsches Bindeglied.

Gerade bei den großen Städten bietet es eine interessante Vielfalt: hier die Museums- und Kunststadt Kassel, dort die Banken- und Messemetropole Frankfurt, hier das barock-geistliche Fulda, dort die großbürgerlich-repräsentative Landeshauptstadt Wiesbaden.

In der bäuerlichen Region Mittel- und Nordhessens fanden die aus Hanau stammenden Gebrüder Grimm reichlich Stoff für ihre über 100 Märchen, weshalb ihnen auch in Kassel ein Museum gewidmet ist. Längst schon ist Hessen nicht mehr so arm wie zu Grimms Zeiten. Das vermochten fleißige Menschen zu ändern.

Für den heutigen Reichtum steht symbolisch Frankfurt am Main, die Drehscheibe für Handel, Geld und Verkehr. Die Frankfurter Buchmesse bereichert das geistig-kulturelle Leben ebenso stark wie die Kasseler „documenta" als beeindruckende Darstellung der Gegenwartskunst. Aber auch der Gaumen kommt nicht zu kurz: Hessen kann mit kernigem Apfelwein und hervorragenden Rheinweinen aufwarten.

GB

Hessen is largely untouched by tourism, but its towns with halftimbered houses, especially Alsfeld and Marburg, its central uplands from the Taunus to the Rhön and from the Rothaargebirge (Red Hair Mountains) to the western Odenwald, and its waters the Edersee, Lahn and Main, really make it worth getting to know. After all, Hessen is a transit state of old, as well as a linking state within Germany.

Especially the large towns offer an interesting cultural range: here the museum and art town of Kassel, there the bank and trade fair metropolis Frankfurt; here the baroque-ecclesiastical Fulda, there the bourgeois state capital of Wiesbaden.

In the rural region of middle and north Hessen the Grimm brothers, who originated from Hanau, found inspiration for their over 100 fairy-tales, which is why Kassel has dedicated a museum to them. But, Hessen is long since not so poor as in the times of the Grimm brothers. Hard-working people have changed that.

Frankfurt am Main, the turntable for trade, capital and transport, symbolizes the wealth of today. The Frankfurt book fair enriches the intellectual and cultural life, as does the Kassel "documenta", which is an impressive presentation of present day art. But, the culinary side is also not forgotten: Hessen offers strong Apfelwein (cider) and outstanding Rhine wines.

F

En grande partie épargné par le tourisme, malgré ses villes aux maisons à colombage à admirer principalement à Alsfeld et à Marbourg, le Land d'Hesse avec ses paysages de Mittelgebirge qui s'étendent du Taunus jusqu'au Rhön et du Rothaargebirge jusqu'au Odenwald à l'ouest, ses fleuves et lacs: Edersee, Lahn et Main, vaut le déplacement.

En matière de grandes villes, ce Land offre une intéressante diversité: Kassel, la ville d'art et de musées, la métropole de Francfort connue pour ses banques et ses expositions, Fulda: la ville ecclésiastique de style baroque, Wiesbaden: fief de la haute-bourgeoisie et imposante capitale du Land.

Les frères Grimm, originaires d'Hanau, trouvèrent dans la région rurale du centre et du nord d'Hesse l'inspiration nécessaire à la rédaction d'une centaine de contes, pour lesquels un musée leur fut dédié à Kassel. Depuis longtemps, le Land d'Hesse n'est plus si pauvre qu'à l'époque des frères Grimm.

Francfort-sur-le-Main, plaque tournante pour le commerce, l'argent et les transports, incarne la richesse actuelle. La foire aux livres de Francfort enrichit la vie intellectuelle et culturelle tout autant que la «documenta» de Kassel, impressionnante présentation d'art contemporain. De plus, les plaisirs de la table ne sont pas négligeables: Le Land d'Hesse avec son cidre et ses excellents vins rhénans peut concourir.

(Seite 118, links)
Auf der Wilhelmshöhe in Kassel
befindet sich Europas größter
Bergpark (hier der Pavillon).

(Mitte)
An einem Alsfelder Fachwerk-
haus: Der frühere Bürgermei-
ster Stumpf als Holzfigur.

(rechts)
Von der Teufelsbrücke auf der
Kasseler Wilhelmshöhe blickt
man auf die Wasserkaskaden.

(Seite 119)
Die Stadtpfarrkirche in
Frankfurt.

GB

(page 118, left)
Europe's largest mountain park
(here the pavilion) can be found
at the Wilhelmshöhe in Kassel.

(centre)
A wooden figure on a half-timbered house in Alsfeld repre-
sents the former Mayor Stumpf.

(right)
The Cascades from the Teufels-
brücke (Devil's bridge) at the
Wilhelmshöhe in Kassel.

(page 119)
The Frankfurt town parish
church.

F

(page 118, gauche)
Au district Wilhelmshöhe de
Kassel se trouve le plus grand
parc d'Europe (ici le pavillon).

(centre)
Sur le mur d'une maison à
colombage d'Alsfeld apparaît
l'ancien maire Stumpf.

(droite)
Du pont du diable, situé sur le
domaine du château de Wilhelmshöhe à Kassel, une vue
des cascades.

(page 119)
L'église paroissiale de Francfort.

▶ **1** Das monumentale Schloß Wilhelmshöhe in Kassel beherbergt ein Museum mit einer Antikensammlung und eine Galerie der Alten Meister.

▶ **2** Anläßlich der documenta, dem Kasseler Kunstereignis, wird Gegenwartskunst ausgestellt, hier die „Spitzhacke" von C. Oldenburg.

▶ **3** Das Gebrüder-Grimm-Museum im Kasseler Palais Bellevue pflegt das Andenken an die berühmten hessischen Märchenerzähler.

▶ **4** Reizvoll ist auch das einzigartige Deutsche Tapetenmuseum (im Hessischen Landesmuseum) in Kassel mit über 600 Exponaten.

▶ **5** Die Orangerie schließt den Park Karlsaue in Kassel ab. Sie enthält das Astronomiemuseum und ein prunkvolles Marmorbad.

▶ **6** Das Museum Fridericianum ist seit 1955 Zentrum der Kasseler documenta, zu der ein Steinwall aufgeschichtet wurde.

▶ **1** The monumental palace Wilhelmshöhe in Kassel houses a museum with antique collections and a gallery with Old Masters.

▶ **2** During the "documenta", Kassel's main art event, present day art is exhibited – here the "Spitzhacke" (pickaxe) by C. Oldenburg.

▶ **3** The Brothers-Grimm Museum in Kassel's Bellevue palace commemorates the famous story-tellers.

▶ **4** The unique Wallpaper Museum (situated in the Hessian Provincial Museum) in Kassel attracts visitors with its over 600 exhibits.

▶ **5** The Karlsaue Park in Kassel closes with the Orangery. It houses the Astronomy Museum and a splendid marble bath.

▶ **6** The Fridericianum Museum has been the centre of Kassel's "documenta" since 1955, for which a stone-wall was especially built.

— F —

▶ **1** L'imposant château Wilhelmshöhe à Kassel abrite un musée d'art antique et une galerie rassemblant les œuvres des vieux maîtres.

▶ **2** A l'occasion de la «documenta», événement artistique de Kassel, des œuvres contemporaines sont exposées. Ici la «pioche» de C. Oldenburg.

▶ **3** Le musée des frères Grimm, situé dans le Palais Bellevue de Kassel, entretient le souvenir des célèbres narrateurs de contes d'Hesse.

▶ **4** Attrayant est également l'unique musée allemand du papier peint situé à Kassel (musée national d'Hesse) qui abrite plus de 600 exemplaires.

▶ **5** L'Orangerie joint le parc Karlsaue de Kassel. Elle abrite le musée de l'astronomie et de somptueux bains en marbre.

▶ **6** Le musée Fridericianum est, depuis 1955, le centre de la documenta de Kassel, et fut surélevé à l'aide d'une chaussée en pierres.

◀ 1

▲ 2

▲ 3 ▲ 4

▲ 4 ▼ 5

▼ 6

▲ 1   ▼ 2

▬ D ▬

▶ **1** Aus einer ehemaligen Dominikanerkirche wurde 1527 die Marburger Universitätskirche, links im Bild die Alte Universität von 1870.

▶ **2** Marburg an der Lahn: Über der idyllischen Altstadt thront das Landgrafenschloß. Im Vordergrund: Alte Fachwerkhäuser an der Lahn.

▶ **3** Das mit Steinskulpturen geschmückte Marburger Landgrafenschloß war seit Ende des 13. Jahrhunderts Sitz der hessischen Regenten.

▶ **4** Das 1000 Jahre alte Schloß Waldeck erhebt sich über dem schönen Edersee. Kurz vor dem ersten Weltkrieg wurde er als Stausee angelegt.

▶ **5** In Fritzlar bei Kassel ist ein Teil der Stadtbefestigung mit Türmen aus dem Mittelalter erhalten geblieben.

▶ **6** Der romanische Dom St. Petri mit dem berühmten Domschatz überragt das romantische Stadtbild von Fritzlar.

▬ GB ▬

▶ **1** The Marburg university church once used to be a Dominican church: on the left, the Old University dating back to 1870.

▶ **2** Marburg on the Lahn. The Landgrafenschloß (landgrave palace) towers above the idyllic old town. In front: Old half-timbered houses on the river Lahn.

▶ **3** The Marburg landgrave palace, which is decorated with stone sculptures, has been the home of Hessian rulers since the 13th century.

▶ **4** The 1000-year-old castle of Waldeck rises above the lovely Edersee, which was constructed as a reservoir before World War I.

▶ **5** Part of the town fortifications and medieval towers in Fritzlar near Kassel have been preserved.

▶ **6** The romanesque cathedral St. Petri, with the famous cathedral treasure, towers over the romantic town of Fritzlar.

• ▬ **F** ▬

▶ **1** L'ancienne église dominicaine devint, en 1527, l'église de l'université de Marbourg. A gauche sur la photo, la vieille université datant de 1870.

▶ **2** Marbourg, au bord du Lahn: Le «Landgrafenschloß» (château comtal) domine la vieille cité idyllique. En face: Anciennes maisons à colombage dans l'hiver Lahn.

▶ **3** Le château comtal de Marbourg, orné de sculptures en pierres, fut à partir du treizième siècle, le siège des régents d'Hesse.

▶ **4** Le château Waldeck, âgé de 1000 ans, surplombe le ravissant Edersee. Ce lac fut transformé, peu avant la Première Guerre mondiale, en lac de retenue.

▶ **5** Fritzlar, près de Kassel, possède encore une partie de la fortification de la ville avec ses tours médiévales.

▶ **6** La cathédrale romane St. Pierre, avec son célèbre trésor, domine la physionomie romantique de la ville de Fritzlar.

▲ 5

▲ 3   ▼ 4

▼ 6

▲ 1

D

▶ **1** Das Gebiet rund um den höchsten Berg der Rhön, die Wasserkuppe (950 m), ist der Ursprung des deutschen Segelflugsports.

▶ **2** Das barocke Schloß Fasanerie in Eichenzell bei Fulda war einst ein fürstliches Jagdschloß und beherbergt heute ein reiches Kunstmuseum.

▶ **3** Die 1000jährige Stiftsruine von Bad Hersfeld ist Schauplatz der Festspiele, die alljährlich im Juli und August stattfinden.

▶ **4** Der Gobelinsaal im Schloß Fasanerie bei Fulda zeigt wertvollen Wandschmuck aus dem Besitz der früheren hessischen Landgrafen.

▶ **5** Der Anfang des 18. Jahrhunderts erbaute Fuldaer bischöfliche Dom geht ursprünglich auf den Heiligen Bonifatius zurück.

▶ **6** Die rauhe Landschaft der Rhön wird durch den Schnee verzaubert und bietet gute Loipen für den Ski-Langlauf.

▶ **7** Nicht nur in der Rhön wird der schwungvolle Sport des Rhönrad-Fahrens betrieben, hier wurde er aber erfunden.

GB

▶ **1** The region around the highest summit in the Rhön, the Wasserkuppe (Water Dome; 950 metres), is the place where the German gliding sport began.

▶ **2** The baroque palace Fasanerie in Eichenzell near Fulda was once a princely huntinglodge, today it houses a wealthy art museum.

▶ **3** The 1000-year-old monastery ruins in Bad Hersfeld are the stage for the annual theatre festivals in July and August.

▼ 2

► **4** The Gobelinsaal (Tapestry hall) in the Fasanerie palace near Fulda exhibits valuable wall tapestries which used to belong to the former Hessian Landgraves.

► **5** The Fulda episcopal cathedral, built at the beginning of the 18th century, dates back to Holy Bonifatius.

► **6** The raw landscape of the Rhön is transformed by snow and offers good conditions for cross-country skiing.

► **7** Rhön-cycling, an energetic sport, is not only pursued in the Rhön, but it was invented here.

F

► **1** Le vol à voile, en Allemagne, est originaire de la région située tout autour du mont le plus élevé du Rhön, surnommé «Wasserkuppe» (950 m).

► **2** Le château baroque de la Fasanerie, situé à Eichenzell près de Fulda, fut jadis un château de chasse princier et abrite aujourd'hui un intéressant musée d'art.

► **3** La ruine de l'église collégiale de Bad Hersfeld, âgée de 1000 ans, est chaque année en juillet et août le théâtre de festivals.

► **4** La salle Gobelin du château de la Fasanerie, près de Fulda, abrite de précieuses tapisseries provenant du patrimoine des anciens comtes de la région d'Hesse.

► **5** La cathédrale épiscopale de Fulda, construite au début du 18. siècle, date originairement de l'époque de St. Boniface.

► **6** Le rude paysage du Rhön revêt, une fois enneigé, un aspect ensorcelant et offre de bonnes pistes pour le ski de fond.

► **7** Le cyclisme n'est pas uniquement pratiqué dans la région du Rhön. C'est ici qu'il fut inventé.

▲ 5   ▼ 6

▲ 3   ▼ 4

▼ 7

▲ 1

▶ 2

▲ 3

▼ 4

D

▶ **1** Am Marktplatz von Butzbach, auch „Perle der Wetterau" genannt, mit seinem malerischen Brunnen stehen viele schöne Fachwerkhäuser.

▶ **2** Den schönsten Blick auf den Limburger Dom hat man vom Lahntal aus. Hier durchquerte einst die Handelsstraße Köln–Frankfurt den Fluß.

▶ **3** Dillenburg, der Geburtsort Wilhelms von Oranien, ist für seine Hengstparaden mit festlichen Umzügen bekannt.

▶ **4** Im Jerusalem-Haus in Wetzlar wohnte Karl Wilhelm Jerusalem, das Vorbild für den Protagonisten in Goethes Roman „Die Leiden des jungen Werther".

▶ **5** Der Westerwald, Teil des rheinischen Schiefergebirges, ist ein beliebtes Naherholungsgebiet für Kölner und Koblenzer Bürger.

▶ **6** Im Gießener Alten Schloß aus dem 14. Jahrhundert, einer ehemaligen Wasserburg, sind mehrere Museen untergebracht.

GB

▶ **1** Many beautiful half-timbered houses can be found on the market square with its picturesque fountain in Butzbach, which is also called the "pearl of the Wetterau".

▶ **2** From the Lahn valley one has the loveliest view of the Limburg cathedral. The Cologne-Frankfurt trading route used to cross the river here.

▶ **3** Dillenburg, birth-place of Wilhelm von Oranien, is well-known for its stallion parades and festive processions.

▲ 5   ▼ 6

► **4** Karl Wilhelm Jerusalem used to live in the Jerusalem House in Wetzlar. He was the model for the protagonist in Goethe's novel "Die Leiden des jungen Werther" (Young Werther's Suffering).

► **5** The Westerwald forest, part of the Rhenish slate mountains, is a popular nearby outing destination for Cologne and Koblenz citizens.

► **6** Several museums can be found in the 14th century Altes Schloß (Old Castle), a former moated castle, in Gießen.

F

► **1** Autour de la place du marché de Butzbach, surnommée la «perle de Wetterau» et ornée d'une pittoresque fontaine, se dressent de jolies maisons à colombage.

► **2** La plus belle vue de la cathédrale de Limbourg est obtenue à partir de la vallée du Lahn. La route commerçante Cologne – Francfort traversa, jadis, le fleuve dans cette vallée.

► **3** Dillenburg, lieu de naissance de Wilhelm von Oranien, est célèbre pour ses défilés d'étalons et ses pompeuses processions.

► **4** Dans la maison Jerusalem vécut Karl Wilhelm Jerusalem, qui inspirât à Goethe le personnage de son roman «Les souffrances du jeune Werther».

► **5** Le Westerwald, fragment du massif schisteux rhénan, est, de par sa proximité, un lieu de repos apprécié par les habitants de Cologne et de Coblence.

► **6** Le «Altes Schloß» (vieux château) de Gießen, ancien château fort datant du quatorzième siècle, abrite plusieurs musées.

128

▲ 1

▶ 2

▲ 3

▼ 4

■■■ **D** ■■■

▶ **1** Die Häuser auf dem Frankfurter Römerberg sind nach ihrer Kriegszerstörung in liebevoller Rekonstruktion neu erstanden.

▶ **2** „Mainhattan". So wird Frankfurt, die Zentrale des deutschen Geldwesens, wegen der Banken-Hochhäuser auch genannt.

▶ **3** 1848 tagte in der Frankfurter Paulskirche die deutsche Nationalversammlung. Seitdem ist diese Kirche ein Symbol der Demokratie in Deutschland.

▶ **4** Die Frankfurter Alte Oper, vor ihrer Zerstörung ein Theater, dient nach ihrem Wiederaufbau heute als Konzert- und Kongreßhaus.

▲ 5   ▼ 6

▶ **5** The large Frankfurt trade fairs, including the automobile and book fair, belong to the most important fairs in Germany.

▶ **6** Exotic plants feel at home in the greenhouses in the Palmengarten, a park in the westend of Frankfurt.

▶ **7** In 1994, a new terminal was built at the Rhein-Main airport in Frankfurt. It is Germany's largest airport.

▼ 7

▬ F ▬

▶ **1** Les maisons du Römerberg, quartier de Francfort, furent minutieusement reconstruites après leur destruction pendant la guerre.

▶ **2** Les grattes-ciel abritant les banques ont valu à Francfort, centre allemand de la finance, le surnom de «Mainhattan».

▶ **3** L'assemblée nationale allemande délibéra en 1848 dans l'église St. Paul de Francfort. Depuis lors, cette église est un emblème de la démocratie en Allemagne.

▶ **5** Die großen Frankfurter Messen, darunter die Automobil- und die Buchmesse, gehören zu den wichtigsten in Deutschland.

▶ **6** In den Gewächshäusern des Palmengartens, einem Park im Frankfurter Stadtteil Westend, fühlen sich exotische Pflanzen heimisch.

▶ **7** Der Frankfurter Rhein-Main-Flughafen, größter Flughafen Deutschlands, ist 1994 um ein neues Empfangsgebäude erweitert worden.

▬ GB ▬

▶ **1** The houses on Frankfurt's Römerberg (Roman Hill) have been lovingly reconstructed after being destroyed during the war.

▶ **2** Frankfurt, the centre of Germany's money transactions, is also called "Mainhattan" because of the bank skyscrapers.

▶ **3** In 1848, the German National Assembly met in the Frankfurt Paulskirche (Pauls Church). Since then this church has symbolized democracy in Germany.

▶ **4** The Frankfurt Alte Oper (Old Opera House), once a theatre before it was destroyed, today serves as a concert and congress hall.

▶ **4** Le «Alte Oper» (vieil Opéra) de Francfort, jadis un théâtre qui fut détruit, fait aujourd'hui office depuis sa reconstruction, de salle de concert et de congrès.

▶ **5** Les grandes foires de Francfort, telles que la foire de l'automobile et du livre, comptent parmi les plus importantes en Allemagne.

▶ **6** Dans les serres du Palmengarten, jardin botanique situé dans le quartier-ouest de Francfort, les plantes exotiques se sentent à leur aise.

▶ **7** L'aéroport Rhin-Main de Francfort, le plus grand aéroport d'Allemagne, fut agrandi en 1994 d'un nouveau bâtiment d'accueil.

▲ 1

▼ 4

▼ 2

▼ 3

► **1** Das Hessische Staatsthea-ter (im Vordergrund der Kur-park), gehört zu den repräsen-tativen Gebäuden der Landes-hauptstadt Wiesbaden.

► **2** Wiesbaden ist einer der beliebtesten Kurorte in Deutschland. Das Kurhaus beherbergt gleichzeitig die berühmte Spielbank.

► **3** Im Park Mathildenhöhe in Darmstadt wurde für Zar Niko-laus II. in einer Künstlerkolonie eine russisch-orthodoxe Kapelle errichtet.

► **4** Der Wiederaufbau der römischen Saalburg bei Bad Homburg vor der Höhe ist Kai-ser Wilhelm II. zu verdanken.

► **5** Vom Schloßberg mit der Ritterburg in Kronberg (Taunus) reicht der Blick weit ins Maintal und bis über Frankfurt hinweg.

► **6** Eine kleine russisch-ortho-doxe Kapelle in Bad Homburg vor der Höhe.

► **1** The Hessisches Staats-theater (Hessian State Theatre) – in the foreground of the Kur-park – is one of the stately buildings in the state capital Wiesbaden.

► **2** Wiesbaden is one of Ger-many's most popular health resorts. The Kurhaus (spa-hotel) also houses the famous casino.

► **3** A Russian-Orthodox chapel was erected for Tsar Nikolaus II in an artist colony in Darm-stadt's park "Mathildenhöhe".

► **4** The reconstruction of the Roman Saalburg near Bad Hom-burg vor der Höhe was owed to Kaiser Wilhelm II.

► **5** One can look into the Main valley and over Frankfurt from the Schloßberg with its knight's castle in Kronberg (Taunus).

► **6** A small Russian-Orthodox chapel stands in Bad Homburg vor der Höhe.

 F

► **1** Le théâtre national avec au premier plan le parc de la station thermale, compte parmi les constructions les plus imposantes de Wiesbaden, capitale du Land d'Hesse.

► **2** Wiesbaden est une des stations thermales les plus appréciées d'Allemagne. Le bâtiment thermal abrite également le célèbre casino.

► **3** Dans le parc Mathildenhöhe de Darmstadt, au cœur d'une colonie d'artistes, une chapelle orthodoxe russe fut érigée pour le tzar Nicolas II.

► **4** On doit la reconstruction du Saalburg, château romain près de Bad Homburg vor der Höhe, à l'empereur Guillaume II.

► **5** Du haut du Schloßberg et de son château féodal de Kronberg (Taunus), le regard plonge dans la vallée du Main, bien au-delà de Francfort.

► **6** Une petite chapelle russe orthodoxe de Bad Homburg vor der Höhe.

WO GOETHE UND SCHILLER WIRKTEN

Thüringen

WHERE GOETHE AND SCHILLER LIVED AND WORKED
Thuringia

LÀ OÙ GOETHE ET SCHILLER FURENT CRÉATIFS
Thuringe

Thüringen

Thuringia

Thuringe

D

„**D**eutschlands Mitte" und „Grünes Herz" wird Thüringen genannt, das waldreiche bergige Land zwischen der Werra im Westen und der Saale im Südosten. An seiner Mittelachse, entlang der Autobahn A 4, reihen sich wie auf einer Perlenkette die geschichts- und kulturträchtigen Städte Eisenach, Gotha, Erfurt, Weimar, Jena und Gera aneinander. Sie bilden einen Teil der neuen „Klassikerstraße", die aber auch in Bögen durch den Thüringer Wald führt, um hier die, wie Weimar, mit den Namen der Dichterfürsten Goethe und Schiller verbundenen Städte Ilmenau und Rudolstadt zu berühren.

Aber auch der Komponist Johann Sebastian Bach und der Reformator Martin Luther haben in Thüringen, vor allem in Eisenach, ihre Spuren hinterlassen. Diese einstige Grenzstadt am Übergang zwischen zwei deutschen Staaten wird überragt von der wohl deutschesten aller Burgen, der Wartburg, wo Luther die Bibel in die deutsche Sprache übertrug und Richard Wagner sich Anregungen zu seiner Oper „Tannhäuser" holte.

Die Wartburg ist aber nicht die einzige Burg in diesem Lande, auch Gotha, Weimar, Rudolstadt, Schmalkalden und andere Orte können sich mit ihren Burgen und Schlössern sehen lassen. Sie sind ebenfalls Zeugnisse der früheren deutschen Kleinstaaterei. Deren typisches Beispiel ist das nach seinem berühmtesten Minister liebevoll „Goethedorf" genannte Weimar, oder auch: „Klassikerstadt".

GB

Thuringia is called the "Centre of Germany" and the "Green Heart" because of its vast forested mountain region between the Werra in the west and the Saale in the south-east. Like pearls on a necklace, the towns of Eisenach, Gotha, Erfurt, Weimar, Jena and Gera lie next to each other along the A 4 motorway (Thuringia's midaxis) and are full of cultural and historical attractions. They form part of the "classic route" which also winds through the Thuringian Forest to meet up with the towns of Ilmenau and Rudolstadt which, like Weimar, are associated with Goethe and Schiller.

But the composer Johann Sebastian Bach and the reformer Martin Luther have also left traces in Thuringia, especially in Eisenach. This town, which used to border on two German states, is dominated by the most famous German castle, the Wartburg. Here is where Luther translated the Bible into German, and where Richard Wagner found inspiration for his opera "Tannhäuser".

However, the Wartburg is not the only castle in this state – Gotha, Weimar, Rudolstadt, Schmalkalden and other places also have castles and palaces that are well-worth visiting. They, too, bear witness to the former German particularism. A typical example of which is the town of Weimar, sometimes called "Goethe Village" after its most famous minister, or also: the "Klassikerstadt" (City of classical Authors).

F

Thuringe, Land montagneux et boisé, situé entre la Werra à l'ouest et la Saale au sud-est, est surnommé «centre de l'Allemagne» et «cœur verdoyant». Au bord de son axe central, le long de l'autoroute A 4, s'alignent pareil aux perles d'un collier, les importantes villes historiques et culturelles: Eisenach, Gotha, Erfurt, Weimar, Jena et Gera. Elles forment une partie de la nouvelle «route des poètes classiques» qui serpente à travers la forêt de Thuringe, pour effleurer les villes d'Ilmenau et de Rudolstadt, étroitement associées aux noms des poètes Goethe et Schiller.

Le compositeur Jean-Sébastien Bach et le réformateur Martin Luther ont également laissé leur empreinte à Thuringe, plus précisément à Eisenach. Cette ville, jadis frontalière, située sur la zone de transit entre deux états allemands, est dominée par le château fort sans doute le plus germanique, le Wartburg, où Luther traduisit la Bible en allemand et où Richard Wagner se laissa inspirer pour son opéra «Tannhäuser».

Le Wartburg n'est pas le seul château fort dans cette région; Gotha, Weimar, Rudolstadt, Schmalkalden et d'autres localités peuvent concurrencer avec leurs forteresses et châteaux. Elles témoignent également du particularisme qui a régné jadis en Allemagne. Un exemple typique de cette doctrine est Weimar, surnommée affectueusement «Goethedorf», en l'honneur de son plus célèbre ministre, ou «Klassikerstadt» (ville des poètes classiques).

D

(Seite 134, links)
Die unter Denkmalschutz ste-
hende Thüringer Waldbahn verbindet Gotha mit dem Kurort
Tabarz.

(Mitte)
Das „R" kennzeichnet einen der
berühmtesten deutschen Wan-
derwege: den Rennsteig.

(links)
Thüringen ist die Heimat der
Gartenzwerge.

(Seite 135)
Die Wartburg soll im Jahre 1067
ihren Ursprung haben.

GB

(page 134, left)
The Thuringian Waldbahn
(Forest railway) links Gotha with
the health resort Tabarz.

(centre)
One of the most famous German hiking routes, the Rennsteig, is well-marked with "R"
symbols.

(left)
Thuringia is the home of garden gnomes.

(page 135)
The Wartburg is supposed to
date back to 1067.

F

(page 134, gauche)
La voie ferrée officiellement
protégée qui traverse la forêt
de Thuringe, relie Gotha avec la
station balnéaire de Tabarz.

(centre)
La lettre «R» caractérise une des
plus célèbres voies d'excursion
allemande: le Rennsteig.

(gauche)
Thuringe est la patrie des nains
en miniature.

(page 135)
Il paraît que l'origine du Wartburg remonte à 1067.

▲ 1

▬ D ▬

► **1** Unter Kaiser Wilhelm II. wiederaufgebaut, wurde die Wartburg bei Eisenach zum Nationaldenkmal.

► **2** In der Lutherstube der Vogtei auf der Wartburg liegt eine Faksimileausgabe der von Luther übersetzten Bibel.

► **3** Am Kamin der Lutherstube auf der Wartburg soll Luther mit seinem Tintenfaß nach dem Teufel geworfen haben.

► **4** Das Nikolaitor am Eisenacher Karlsplatz ist das älteste Stadttor in Thüringen und das einzige erhaltene in Eisenach.

► **5** Im Bachhaus in Eisenach hat der Komponist Johann Sebastian Bach zwar nie gewohnt, aber es ist ihm als Museum gewidmet.

► **6** Den Eisenacher Marktplatz zieren das Stadtschloß des Herzogs Ernst August von Sachsen-Weimar (links) und das Rathaus (rechts).

▬ GB ▬

► **1** The Wartburg near Eisenach was rebuilt by Kaiser Wilhelm II and has become a national monument.

► **2** A facsimile edition of Luther's Bible translation can be found in the Lutherstube (Luther chamber) in the Wartburg's prefecture.

► **3** Luther is supposed to have thrown an ink well at the devil from the fire-place in the Wartburg's Lutherstube.

► **4** The Nikolai Gate on the Karlsplatz (Charles' square) in Eisenach is the oldest town gate in Thuringia and the only preserved gate in Eisenach.

► **5** The composer Johann Sebastian Bach never lived in the Bach House in Eisenach, but its museum is dedicated to him.

► **6** The town palace of Duke Ernst August von Sachsen-Weimar (left) and the town hall (right) adorn the market square in Eisenach.

▬ F ▬

► **1** Le Wartburg près d'Eisenach fut reconstruit sous l'Empereur Guillaume II et est depuis un monument national.

► **2** Dans la salle de Luther, située dans la conciergerie du château de Wartburg, se trouve une reproduction de la bible traduite par Luther.

► **3** On raconte que Luther a lancé au château fort de Wartburg, devant la cheminée de la salle portant son nom, un encrier après le diable.

► **4** La porte St. Nicolas, située sur la Karlsplatz, place d'Eisenach, est la plus vieille porte d'enceinte de Thuringe et la seule encore existante à Eisenach.

► **5** Le compositeur Johann Sebastian Bach n'a certes jamais vécu dans la maison Bach d'Eisenach; ce musée lui est toutefois consacré.

► **6** Le château du comte Ernst August von Sachsen-Weimar (à gauche) et l'hôtel de ville (à droite) ornent la place du marché de la ville d'Eisenach.

▲ 2

▲ 3

▲ 5

▼ 6

▼ 4

▲ 1   ▼ 2   ▼ 3

◀ 4   ▲ 5

▲ 6   ▼ 7

▬ D ▬

▶ **1** Charakteristisch für die Täler des Thüringer Waldes sind Dörfer mit Fachwerk- und schieferverkleideten Häusern wie in Steinbach.

▶ **2** Eine Apotheke in Ilmenau besitzt reichen figürlichen Schmuck, im Hintergrund ragt der Turm der Pfarrkirche auf.

▶ **3** Das Schwarzatal erstrahlt im frischen Frühlingsgrün; der schönste Talabschnitt liegt zwischen Bad Blankenburg und Schwarzburg.

▶ **4** Im schlichten Schloß in Eisfeld, das nach der Zerstörung im 30jährigen Krieg wiederaufgebaut wurde, befindet sich heute ein Heimatmuseum.

▶ **5** Thüringen ist reich an Musik- und Folkloregruppen. Oft treten sie in einheimischen Trachten auf, wie hier bei einem Auftritt in Tabarz.

▶ **6** Das Wintersportzentrum Thüringens ist der Kurort Oberhof, 825 m über dem Meeresspiegel gelegen.

▶ **7** Im Schloß Elisabethenburg in Meiningen befindet sich unter anderem das Theatermuseum.

▬ GB ▬

▶ **1** Villages like Steinbach, with their half-timbered and slate houses, are characteristic of the Thuringian Forest valleys.

▶ **2** A pharmacy in Ilmenau is decorated with numerous figures. The parish church's tower rises up in the background.

▶ **3** The Schwarzatal is coloured a fresh, spring green; the most beautiful part of the valley lies between Bad Blankenburg and Schwarzburg.

▶ **4** A Homeland Museum can be found in the modest palace in Eisfeld which was reconstructed after being destroyed during the Thirty Years War.

▶ **5** Thuringia has an abundance of music and folklore groups. They often perform in traditional costume – here a performance in Tabarz.

▶ **6** Thuringia's centre for winter sports is the health resort of Oberhof, which lies 835 m above sea-level.

▶ **7** The palace Elisabethenburg in Meiningen houses amongst other things a Theatre Museum.

▬ F ▬

▶ **1** Une caractéristique des vallées de la forêt de Thuringe sont les villages aux maisons à colombage et au revêtement en ardoise, tel que Steinbach.

▶ **2** Une pharmacie de la ville d'Ilmenau possède de somptueux ornements allégoriques; en arrière-plan domine la tour de l'église paroissiale.

▶ **3** La vallée du Schwarza resplendit dans la fraîche verdure printanière. La plus jolie partie de la vallée se trouve entre Bad Blankenburg et Schwarzburg.

▶ **4** L'austère château d'Eisfeld, reconstruit après sa destruction durant la Guerre de Trente ans, abrite aujourd'hui un musée folklorique.

▶ **5** Thuringe est riche en groupes musicaux et folkloriques. Ils se présentent souvent dans leur costume régional comme ici, lors d'une représentation à Tabarz.

▶ **6** La station thermale d'Oberhof, située à 835 m au-dessus du niveau de la mer, est le centre de sports d'hiver du Land de Thuringe.

▶ **7** Dans le château Elisabethenburg, situé à Meiningen, se trouve entre autre un musée consacré au théâtre.

140

▲ 1

▲ 2

▼ 4

▼ 5

► 6

D

► **1** Das neue Rathaus von Gotha ist, obwohl es von ferne mehr einer Kirche gleicht, aus einem ehemaligen Kaufhaus entstanden.

► **2** Das mächtige Gothaer Barockschloß Friedenstein beherbergt in seinem Museum reiche Kunstsammlungen.

► **3** Zur Burgengruppe der „Drei Gleichen" bei Gotha gehört auch die Wachsenburg. In ihr finden sich ein Hotel und eine historische Gaststätte.

► **4** Der Gießturm ist einer von 17 Wehrtürmen der gut erhaltenen mittelalterlichen Stadtmauer von Bad Langensalza.

► **5** Arnstadt ist berühmt für das Wirken Johann Sebastian Bachs als Organist, aber auch für die Puppensammlung „Mon plaisir".

► **6** In Gotha liegen sich das monumentale Schloß Friedenstein (oben) und das Museum der Natur (unten) eindrucksvoll gegenüber.

GB

► **1** Although resembling a church from afar, Gotha's new town hall was once a store.

► **2** The museum in Gotha's mighty baroque castle Friedenstein possesses valuable art collections.

► **3** The Wachsenburg belongs to the group of castles near Gotha called the "Drei Gleichen" (Three of a Kind). A hotel and a historical restaurant can be found here.

► **4** The Gießturm (Cast Tower) is one of the 17 defence towers along the preserved medieval town wall of Bad Langensalza.

► **5** Johann Sebastian Bach played the organ in Arnstadt, but the town is also famous for its doll collection "Mon plaisir".

► **6** The monumental castle Friedenstein (above) and the Nature Museum (below) in Gotha lie impressively opposite one another.

F

► **1** Bien qu'il ressemble de loin plutôt à une église, le nouvel hôtel de ville de Gotha a pour origine un ancien magasin.

► **2** L'imposant château baroque Friedenstein, situé à Gotha, abrite dans son musée de somptueuses collections d'œuvres d'art.

► **3** Le Wachsenburg appartient également au groupe de châteaux forts des «trois identiques» près de Gotha. A l'intérieur se trouve un hôtel et un restaurant historique.

► **4** La tour aux meurtrières est une des 17 tours de guet de l'enceinte médiévale bien conservée de Bad Langensalza.

► **5** Arnstadt est célèbre car Jean-Sébastien Bach y exerça la fonction d'organiste, mais aussi pour sa collection de poupée «Mon plaisir».

► **6** A Gotha, l'imposant château Friedenstein (en haut) et le musée de la nature (en bas) se dressent, de manière impressionnante, l'un en face de l'autre.

▲ 1

▲ 2

▼ 3

=== **D** ===

▶ **1** Auf dem engen Platz zwischen dem Erfurter Dom und St. Severi ragt ein Kruzifix auf.

▶ **2** Ein stimmungsvolles Bild bieten der Erfurter Weihnachtsmarkt mit dem angestrahlten Dom (links) und St. Severi (rechts).

▶ **3** Die schönsten Bauten am Erfurter Fischmarkt: das Haus zum Breiten Herd (Mitte) und das Gildehaus (rechts).

▶ **4** Auf dem Petersberg in Erfurt steht die alte Zitadelle, sie gilt als Denkmal der preußischen Festungsbaukunst.

▶ **5** Völlig mit Fachwerkhäusern überbaut ist die Krämerbrücke in Erfurt, die über den Fluß Gera führt.

=== **GB** ===

▶ **1** A crucifix towers high on the narrow square between the Erfurt cathedral and the St. Severi church.

▶ **2** The Erfurt christmas market with the illuminated cathedral (left) and the St. Severi church (right) offers a very festive atmosphere.

▶ **3** The most beautiful buildings on the Erfurt fish market: the house "Zum Breiten Herd" (The Broad Stove, centre) and "das Gildehaus" (the guildhall, right).

▶ **4** The old citadel stands on the Petersberg hill in Erfurt and is a monument to Prussian stronghold architecture.

▲ **5**

▼ **4**

▶ **5** The Krämerbrücke (Shop-keeper bridge) in Erfurt, which spans the River Gera, is lined with half-timbered houses.

F

▶ **1** Sur l'étroite place, entre la cathédrale d'Erfurt et de St. Severi, se dresse un crucifix.

▶ **2** Le marché de Noël d'Erfurt offre, avec la cathé-drale illuminée (à gauche) et St. Severi (à droite), un tableau impressionnant.

▶ **3** Les plus belles construc-tions au marché aux poissons d'Erfurt: La maison au large foyer «Haus zum Breiten Herd» et la maison corporative «Gilde-haus» (à droite).

▶ **4** Sur le mont Pierre d'Er-furt se trouve la vieille citadelle. Elle commémore l'architecture prussienne en matière de forti-fications.

▶ **5** Le Krämerbrücke, pont d'Erfurt, qui traverse le fleuve Gera, est entièrement couvert de maisons à colombage.

▲ 1

▼ 2

▼ 3

D

▶ **1** In seinem Weimarer Gartenhaus im Park an der Ilm verfaßte Goethe sein Romanfragment „Wilhelm Meister" und begann den „Torquato Tasso".

▶ **2** Im Goethe-Wohnhaus am Weimarer Frauenplan ist auch das nachempfundene Wohnzimmer seiner Frau Christiane zu sehen.

▶ **3** Das Deutsche Nationaltheater in Weimar mit dem Denkmal von Goethe und Schiller im Vordergrund. Viele Stücke der beiden Dichter wurden hier uraufgeführt.

▶ **4** Das heitere Schloß Belvedere in Weimar war von Herzog Ernst August nach Versailler Vorbild als Jagd- und Lustschloß erbaut worden.

▶ **5** Im Wohnhaus Schillers in Weimar, das zum Schillermuseum gehört, sind seine Wohn- und Arbeitsräume in originalgetreuer Einrichtung zu sehen.

▶ **6** Auf dem historischen Friedhof Weimars befinden sich das Mausoleum mit der Goethe-Schiller-Gruft (vorne) und eine russische Kapelle.

GB

▶ **1** Goethe wrote his novel fragment "Wilhelm Meister" (William Master) and began "Torquato Tasso" in his summerhouse in the Ilm Park in Weimar.

▶ **2** The Goethe House on Weimar's street "Frauenplan" contains a replica of his wife Christiane's living-room.

▶ **3** The German National Theatre in Weimar with the statue of Goethe and Schiller in the foreground. Several of their theatre plays have been performed here for the first time.

▶ **4** The charming palace Belvedere in Weimar was a country retreat and hunting lodge, built by Duke Ernst August using the palace of Versailles as his model.

▶ **5** Schiller's home in Weimar, which belongs to the Schiller Museum, is still complete with his study and furniture.

▶ **6** The mausoleum with the Goethe-Schiller tomb (at the front) and a Russian chapel can be found in the historical Weimar cemetery.

▲ 4

▼ 5

▼ 6

━ **F** ━

▶ **1** Dans le pavillon du parc de Weimar, au bord du Ilm, Goethe rédigea un fragment de son roman «Wilhelm Meister» et commença le «Torquato Tasso».

▶ **2** Dans la maison de Goethe, située au Frauenplan à Weimar, on peut admirer la reconstruction de la salle de séjour de sa femme Christiane.

▶ **3** Le Théâtre National Allemand de Weimar. Au premier-plan, monument à la mémoire de Goethe et Schiller. De nombreuses œuvres des deux poètes furent ici représentées.

▶ **4** Le beau château Belvedere, château de chasse et de plaisance situé à Weimar, fut construit par le comte Ernst August qui s'inspira de Versailles.

▶ **5** Dans la résidence de Schiller à Weimar qui appartient au musée consacré à Schiller, on peut y voir sa salle de séjour et de travail dont l'aménagement fut fidèlement reconstruit.

▶ **6** Sur le cimetière historique de Weimar se dresse le mausolée du caveau de Goethe-Schiller (au premier-plan) et une chapelle russe.

146

► **1** Schloß Heidecksburg überragt die 1200jährige Residenzstadt Rudolstadt an der Saale.
Der Innenteil ist im Rokokostil
gehalten.

► **2** Im burgenreichen oberen
Saaletal lädt die Hohenwarte-
Talsperre zu einer Schiffstour
durch den Naturpark Schiefergebirge ein.

► **3** Das 1902 erbaute Theater
von Gera gehört nebem dem
Cottbuser Theater zu den
schönsten Jugendstiltheatern in
Deutschland.

► **4** Die Fest- und Repräsenta-
tionsräume im Westflügel des
Schlosses Heidecksburg in
Rudolstadt lohnen eine Besich-
tigung.

► **5** Das neue Wahrzeichen von
Jena ist das Universitätshoch-
haus, ein 120 m hoher, alumi-
niumverkleideter Rundturm
aus dem Jahre 1972.

► **6** Das Saalfelder Rathaus ist
ein vorbildliches Beispiel für
den Renaissance-Baustil in
Sachsen.

► **1** The Heidecksburg palace
towers above the 1200-year-old
capital town of Rudolstadt an
der Saale. The inside was
constructed in rococo style.

► **2** In the upper Saale valley,
which is abundant with castles,
the Hohenwarte-Talsperre
(watch-tower dam) invites to
boat-trips through the nature
park Schiefergebirge (Slate
Mountains).

► **3** Besides the Cottbus
theatre, Gera's theatre (1902)
belongs to Germany's most
beautiful art nouveau theatres.

► **4** The festival and recep-
tion halls in the west wing of
the Heidecksburg palace in
Rudolstadt are well-worth
a visit.

▶ **5** Jena's new landmark is the university skyscraper, a 120 m, aluminium covered, round tower, built in 1972.

▶ **6** The town hall in Saalfeld is a typical example of Renaissance architecture in Saxony.

━━ **F** ━━

▶ **1** Le château Heidecksburg surplombe la ville de Rudolstadt, âgée de 1200 ans, située au bord de la Saale. L'intérieur, de style rococo, est intacte.

▶ **2** Dans la vallée supérieure de la Saale aux nombreux châteaux forts, le barrage Hohenwarte invite à une excursion en bateau à travers le parc naturel du Schiefergebirge (massif schisteux).

▶ **3** Le théâtre de Gera, construit en 1902, fait partie avec celui de Cotbus, des plus jolis théâtres allemands de style d'Art Nouveau.

▶ **4** Les salles de fête et de représentation situées dans l'aile-ouest du château Heidecksburg à Rudolstadt, valent la peine d'être visitées.

▶ **5** Le nouvel emblème de Jena est le gratte-ciel abritant l'université, une tour circulaire d'une hauteur de 120 m, revêtue d'aluminium et datant de 1972.

▶ **6** L'hôtel de ville de Saalfeld est un exemple idéal d'architecture Renaissance en Saxe.

◀ 1

▲ 2

▲ 5

▼ 6

▲ 3

▼ 4

An Saale und Elbe

On Luther's Trail
Along the Saale and the Elbe

Sur les traces de Luther
Au bord de la Saale et de l'Elbe

150

An Saale und Elbe

Along Saale and Elbe

Au bord de la Saale et de l'Elbe

D

Ähnlich wie die „Klassiker-straße" Thüringen in der Form einer Acht durchquert, erschließt die „Straße der Romanik" mit ihren 60 Stationen und 72 Bauwerken im romanischen Stil das mitteldeutsche Bundesland Sachsen-Anhalt. Es liegt zwischen dem sagenumwobenen Brocken im Westen und dem Landrücken Fläming im Osten, zwischen den stillen Elbniederungen und den Weinbergen der Saale-Unstrut-Region.

Die Romanik hatte hier eine erste Blütezeit unter Kaiser Otto I. (936–973 n.Chr.), der die Hauptstadt Magdeburg zu einem Zentrum der damaligen abendländischen Welt gemacht hat. Von hier aus begann die Christianisierung der Slawen jenseits der Elbe, und in diesem Lande wirkte später der Reformator Martin Luther. Sein Lebenskreis beginnt und schließt sich in Eisleben, am Ostrand des Harzes, wo er 1483 geboren wurde und 1546 verstarb. Sein Geburts- und Sterbehaus sind noch heute dort zu sehen.

Luthers Hauptwirkungsstätte aber war Wittenberg an der Elbe, das wie Eisleben den stolzen Beinamen „Lutherstadt" führt. An die Tür der Schloßkirche in Wittenberg schlug Luther 1517 seine 95 Thesen. Der Schriftzug „Eine feste Burg ist unser Gott" verläuft rund um den Turm der Schloßkirche. Die Stadtkirche als Predigtstätte Luthers und vor allem auch das heutige Museum Lutherhalle mit seinen Wohn- und Arbeitsräumen gehören zu den Sehenswürdigkeiten Wittenbergs.

GB

Similar to the "Classic Route", which traverses Thuringia in a figure eight, the "Romanesque Route" with its 60 destinations and 72 Romanesque buildings unveils the typical central German state of Saxony-Anhalt. It lies between the legendary Brocken in the west and the Fläming ridge of hills in the east, and between the quiet Elbe lowlands and the vineyards of the Saale-Unstrut region.

Here, under Kaiser Otto I (936–973 A.D.), the Romanesque style experienced its first golden age and its capital, Magdeburg, became the centre of the occidental world. Christianity spread from here to the Slavs on the other side of the Elbe, and the state was later greatly influenced by Martin Luther. His life began and ended in Eisleben, sited on the eastern side of the Harz, where he was born in 1483 and died in 1546. His birth and death-house are still to be seen there today.

Luther's main place of work, however, was Wittenberg on the Elbe which, like Eisleben, also carries the proud name "Lutherstadt" (Luther Town). In 1517, Luther nailed his 95 theses to the door of the castle church in Wittenberg. The flourish "Eine feste Burg ist unser Gott" (God is our refuge) is to be seen on the tower of the castle church. The Stadtkirche (town church), where Luther often preached, and the Lutherhalle museum with his living and working rooms also belong to Wittenberg's sight-seeing attractions.

F

Pareil à la «route des classiques» qui traverse Thuringe en décrivant un huit, la «route du style roman» sillonne le Land de Saxe-Anhalt avec ses 60 stations et 72 monuments de style roman. Ce Land est situé entre le Brocken à l'ouest et les hauteurs du Fläming à l'est, entre les bas-fonds tranquilles de l'Elbe et les vignes de la région de Saale-Unstrut.

L'art roman avait connu ici une première prospérité sous le règne de l'empereur Otton I (936–973 après J.C.) qui transformât la capitale de Magdebourg en centre du monde occidental d'alors. C'est de cette région que débuta la conversion au christianisme du peuple slave vivant de l'autre côté de l'Elbe et c'est dans cette contrée que le réformateur Martin Luther exerça ultérieurement son influence. Son existence débute et se termine à Eisleben, à la lisière orientale du Harz, où il naquit en 1483 et décéda en 1546.

L'endroit où Luther exerça principalement son influence fut cependant Wittenberg au bord de l'Elbe qui porte tout comme Eisleben l'orgueilleux surnom de «ville de Luther». C'est à la porte de l'église du château de Wittenberg que Luther accrocha, en 1517, ses 95 thèses. Le parafe «Dieu est notre refuge» entoure le clocher de l'église. L'église municipale, lieu de sermon de Luther, et surtout le Lutherhalle, musée actuel renfermant les pièces où il a habité et travaillé, font également partie des curiosités de Wittenberg.

(Seite 150, links)
In Köthen erinnert eine Büste in der Bachgedenkstätte an den Hofkapellmeister.

(Mitte)
In der Stiftskirche St. Cyriakus von Grömingen sind farbige Stuckreliefs zu sehen.

(rechts)
Im Magdeburger Dom steht die mittelalterliche Plastik von Kaiser Otto I.

(Seite 151)
Der gotische Dom St. Stephan ist das Wahrzeichen des alten Bischofssitzes Halberstadt.

GB

(page 150, left)
A bust of the musician at the Bach Memorial in Köthen.

(centre)
Colourful stucco-reliefs can be seen in the monastery church of St. Cyriakus in Grömingen.

(right)
A medieval sculpture of Kaiser Otto I in a small chapel in Magdeburg's cathedral.

(page 151)
The Gothic cathedral St. Stephan in Halberstadt.

F

(page 150, gauche)
Un buste du lieu commémoratif de Köthen, évoque le souvenir de Bach.

(centre)
Dans l'église collégiale St. Cyriakus de Grömingen des reliefs en stuc colorés.

(droite)
La statue médiévale de l'empereur Otton I. se dresse dans la cathédrale de Magdebourg.

(page 151)
La cathédrale gothique St. Stéphane d'Halberstadt.

▲ 1

═ D ═

▶ **1** In der fast vollständig erhaltenen mittelalterlichen Backsteinmauer der Elbstadt Tangermünde befindet sich auch das Neustädter Tor.

▶ **2** Im ehemaligen preußischen Salinenort Schönebeck-Salzelmen bei Magdeburg wurde im Jahre 1802 das älteste Solebad Deutschlands gegründet.

▶ **3** Auf dem Marktplatz von Haldensleben steht die einzige Roland-Figur Mitteldeutschlands, die auf einem Pferd reitet.

▶ **4** Stolz präsentiert der Bäkkermeister Oskar Hennig in Salzwedel seinen nach einem 1842 patentierten Rezept gebackenen Baumkuchen.

▶ **5** Das malerische Städtchen Havelberg an der Mündung der Havel in die Elbe wird vom St.-Marien-Dom auf dem Havel-Hochufer überragt.

▶ **6** Der Roland vor der Gerichtslaube des Stendaler Rathauses ist nur eine Kopie – das Original wurde 1972 Opfer eines Sturms.

═ GB ═

▶ **1** The Neustadt Gateway can be found in the almost completely preserved medieval brick wall of Tangermünde on the Elbe.

▶ **2** Germany's oldest saltwater bath was founded in 1802 in the former Prussian saline-town of Schönebeck-Salzelmen near Magdeburg.

▶ **3** Central Germany's only statue of Roland riding a horse is situated on the market place in Haldensleben.

▶ **4** Oskar Hennig (master baker) proudly presents his Baumkuchen cake in Salzwedel. Its recipe was patented in 1842.

▼ 2

► **5** The picturesque little town of Havelberg, sited on the confluence of the Havel and Elbe, is dominated by the St.-Marien cathedral on the banks of the Havel.

► **6** The Roland figure in front of the court pergola of Stendal's town hall is only an imitation. The original fell victim to a storm in 1972.

═══ **F** ═══

► **1** Dans le rempart médiéval en brique, presque entièrement conservé de la ville de Tangermünde, située au bord de l'Elbe, se trouve aussi la porte de Neustadt.

► **2** Dans l'ancienne ville saline prussienne de Schönebeck-Salzelmen près de Magdebourg, fut fondée en 1802 la plus vieille station thermale saline d'Allemagne.

► **3** Sur la place du marché d'Haldensleben se dresse la seule statue d'Allemagne de l'Est représentant Roland sur un cheval.

► **4** Le boulanger Oskar Hennig de Salzwedel est fier de présenter son «Baumkuchen», gâteau fait d'après une recette patentée en 1842.

► **5** La petite ville pittoresque d'Havelberg, sur la rive haute de l'Havel, à l'embouchure de l'Havel et de l'Elbe, est dominée par l'église de la Vierge.

► **6** Le Roland, situé devant l'arcade du tribunal, dépendance de l'hôtel de ville de Stendal, n'est qu'une copie – l'original fut victime d'une tempête en 1972.

▼ **5** ▲ **6**

▲ **3** ▼ **4**

▲ 1

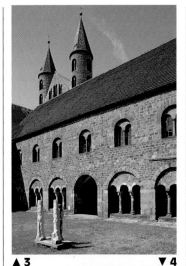

▲ 3   ▼ 4

▼ 5

▼ 6   ► 7

▼ 2

D

► **1** Am Magdeburger Dom wurde über 300 Jahre lang gebaut, im Inneren der gotischen Kathedrale befinden sich reiche Kunstwerke.

► **2** Am Breiten Weg in Magdeburg sind noch drei barocke Bürgerhäuser erhalten geblieben.

► **3** Das Magdeburger Kloster „Unser Lieben Frauen", heute ein Museum, zählt zu den bedeutendsten romanischen Bauten in Europa.

► **4** Zu den Skulpturen im Magdeburger Dom gehört neben den „klugen und törichten Jungfrauen" auch dieses Mahnmal von Ernst Barlach.

► **5** Im klassizistischen Spiegelsaal des Renaissanceschlosses von Köthen, dem ehemaligen Thronsaal, finden häufig Konzerte statt.

► **6** Dessau ist auch durch das nach Plänen von Walter Gropius 1925 erbaute Bauhaus, einst Hochschule für Gestaltung, berühmt.

► **7** Hoch über der Saale erhebt sich das Renaissanceschloß der ehemaligen Residenzstadt von Anhalt-Bernburg, Bernburg.

GB

► **1** It took over 300 years to build Magdeburg's Gothic cathedral which boasts many valuable art objects.

► **2** Three baroque town houses have been preserved in Magdeburg's street Am Breiten Weg (Wide Way).

► **3** The Magdeburg monastery "Unser Lieben Frauen" (Of Our Ladies) is, today, a museum and one of Europe's most significant Romanesque buildings.

► **4**   Besides the "Klugen und Törichten Jungfrauen" (wise and foolish maidens), this Ernst Barlach memorial is also one of the sculptures to be found in the Magdeburg cathedral.

► **5**   Concerts are given in the classicistic "Spiegelsaal" (Mirror Room), the former throne room, in Köthen's Renaissance palace.

► **6**   Dessau is also famed for its Bauhaus, a former school of art, which was built by Walter Gropius in 1925.

► **7**   Bernburg, the Renaissance castle of the former capital town of Anhalt-Bernburg, towers high above the river Saale.

F

► **1**   La construction de la cathédrale de Magdebourg a duré plus de 300 ans; à l'intérieur de la cathédrale gothique se trouvent de œuvres d'art.

► **2**   Le long de la rue «Am Breiten Weg» de Magdebourg se dressent encore trois maisons bourgeoises baroques.

► **3**   Le monastère de Magdebourg «Nos Dames de la compassion», fait partie des constructions romanes les plus importantes d'Europe.

► **4**   Outre la sculpture «les vierges sages et folles», la cathédrale de Magdebourg renferme aussi ce monument d'Ernst Barlach.

► **5**   Dans la salle des miroirs de style classique située dans le château Renaissance de Köthen, ont lieu souvent des concerts.

► **6**   Dessau est célèbre pour le Bauhaus, bâtiment abritant jadis l'Ecole des Arts et Métiers, construit en 1925 d'après les plans de Walter Gropius.

► **7**   Le château Renaissance de Bernburg de l'ancienne ville princière d'Anhalt-Bernburg s'élève au–dessus de la Saale.

▲ 3   ▼ 4

▲ 1   ▼ 2

D

▶ **1** Im Gotischen Haus seines Parks in Wörlitz wohnte der Schöpfer dieses „Gartenreichs", Fürst Leopold III. von Anhalt-Dessau.

▶ **2** Ein Mitstreiter Luthers war Philipp Melanchthon, dessen Wohnhaus an der Collegienstraße in Wittenberg besichtigt werden kann.

▶ **3** Goethe empfand den zauberhaften Wörlitzer Park, durch den Kähne gleiten, wie ein „vorüberschwebendes Traumbild".

▶ **4** Vom Disputkatheder im großen Hörsaal der Wittenberger Lutherhalle (Museum) hielt der Reformator seine Vorlesungen.

▶ **5** Das Wörlitzer Schloß wurde von Friedrich Wilhelm von Erdmannsdorff 1769–1773 im englischen Stil erbaut.

▶ **6** Den Wittenberger Markt zieren die Denkmäler von Melanchthon (vorne) und Luther – links das Rathaus, hinten die Stadtkirche.

GB

▶ **1** The creator of the "garden realm", the park of Wörlitz, Prince Leopold III of Anhalt-Dessau, lived in the park's Gotic house.

▶ **2** Philipp Melanchthon's home in Wittenberg's Collegienstraße is open to the public. He was one of Luther's combatants.

▶ **3** Goethe perceived the magical Wörlitz Park and its canoes as a "gently passing illusion".

▶ **4** The reformer gave his lectures from the pulpit in the large auditorium in the Wittenberg Lutherhalle (museum).

▶ **5** Wörlitz palace was built by Friedrich Wilhelm von Erdmannsdorff from 1769 to 1773 in English style.

▶ **6** Wittenberg's market place is adorned with the Melanchthon (front) and the Luther monuments – to the left, the town hall; behind, the town church.

F

▶ **1** Dans la maison gotique du parc de Wörlitz a vécu le créateur de ce «royaume cultivé», prince Leopold III. von Anhalt-Dessau.

▶ **2** Philipp Melanchthon fut un compagnon d'armes de Luther dont la résidence, située sur la Collegienstraße, rue de Wittenberg, peut être visitée.

▶ **3** Goethe a ressenti le charmant parc de Wörlitz, à travers lequel les barques glissent, comme un «songe éphémère».

▶ **4** Du haut de la chaire du grand amphithéâtre, situé dans le musée de Wittenberg (Lutherhalle), le réformateur a fait ses cours.

▶ **5** Le château de Wörlitz fut construit par Friedrich Wilhelm von Erdmannsdorff de 1769 à 1773, en style anglais.

▶ **6** Les monuments de Melanchthon (au premier plan) et de Luther ornent le marché de Wittenberg – à gauche l'hôtel de ville, en arrière-plan l'église municipale.

158

D

▶ **1** Der belebte Marktplatz von Halle wird von fünf Türmen beherrscht: von vier der Marktkirche (links) und vom Roten Turm (rechts).

▶ **2** Im Museum Moritzburg in Halle wurde das Beratungszimmer der „Halloren" (Salzsieder) nachgebaut.

▶ **3** An einer Eckfläche des Roten Turms von Halle symbolisiert eine steinerne Roland-Figur die freie Gerichtsbarkeit.

▶ **4** Die Stadt Eisleben hat ihrem berühmten Sohn Martin Luther ein kolossales Bronzedenkmal auf dem Marktplatz gewidmet.

▶ **5** Über sechsmal größer als die Wartburg, aber nicht so bekannt, ist die Burganlage von Querfurt, die von zwei Ringmauern umgeben wird.

▶ **6** Im Händelhaus in Halle, Große Nicolaistr. 5, wird des großen Komponisten, des berühmtesten Sohns der Saalestadt, gedacht.

GB

▶ **1** Halle's busy market place is dominated by five towers: the four towers of the Marktkirche (market church, left) and the Roter Turm (Red Tower, right).

▶ **2** The "Halloren" (salt-miners) council chamber has been reconstructed in Halle's Moritzburg Museum.

▶ **3** A stone Roland statue on a corner of the Roter Turm (Red Tower) symbolizes free jurisdiction.

▶ **4** Eisleben has dedicated a colossal bronze memorial to its famous son Martin Luther.

▲ **1**   ▼ **2**   ▼ **3**

▲ 4   ▼ 5   ▼ 6

► **5** Querfurt castle, surrounded by twin city walls, is not as well-known as the Wartburg, but over six times larger.

► **6** The Händel House in Halle (No. 5, Große Nicolai street) commemorates the Saale-town's most famous son, the great composer Georg Friedrich Händel.

═ F ═

► **1** La place animée du marché de Halle est dominée par cinq tours: par les quatre tours de l'église du marché (à gauche) et par la Tour Rouge (à droite).

► **2** Dans le musée Moritzburg de Halle, la salle des délibérations des sauniers «Halloren» fut reconstruite.

► **3** Une statue en pierre de Roland, située dans un angle de la Tour Rouge de Halle, symbolise l'indépendance de la juridiction.

► **4** La ville d'Eisleben a consacré à son enfant le plus célèbre, Martin Luther, un colossal monument en bronze, situé sur la place du marché.

► **5** Six fois plus grand que le Wartburg, mais moins célèbre, est le château de Querfurt, entouré de deux murs d'enceinte.

► **6** La maison de Händel, située sur la Große Nicolaistr. 5 de la ville de Halle, commémore le souvenir du grand compositeur, enfant le plus célèbre de cette ville du bord de la Saale.

▲ 4

▲ 1 ▼ 2 ▼ 3

D

▶ **1** Der mehrfach umgebaute Dom St. Peter und Paul ist die wichtigste Sehenswürdigkeit der vorbildlich restaurierten Stadt Naumburg.

▶ **2** Uta und ihr Ehemann Ekkehard sind die berühmtesten der 12 steinernen Stifterfiguren im westlichen Chor des Naumburger Doms.

▶ **3** Den Kurpark von Bad Lauchstädt schmücken zahlreiche steinerne Putten.

▶ **4** Bad Lauchstädt war früher ein Badeort des Adels, damals entstand der Kurpark mit dem kleinen Pavillon.

▶ **5** Die hoch über dem Saaletal gelegene Rudelsburg bei Bad Kösen wurde als Raubritter-Schlupfwinkel im 14. Jahrhundert niedergebrannt.

▶ **6** Die barocke Kirche des Schlosses Neu-Augustusburg in Weißenfels ist besonders schön durch die zweigeschossigen Arkaden.

GB

▶ **1** The most important sightseeing attraction in the suberbly restored town of Naumberg is the cathedral St. Peter and Paul, which has been rebuilt several times.

▶ **2** Uta and her husband Ekkehard are the two most famous of the 12 stone founder figures in the western chancel of Naumberg's cathedral.

▶ **3** Numerous stone putti adorn the park in Bad Lauchstädt.

▶ **4** The park with the little pavilion in Bad Lauchstädt dates back to the times when the town was a seaside resort frequented by the aristocracy.

▲ 5 ▼ 6

▶ **5** The Rudelsburg castle near Bad Kösen, situated high above the Saale valley, was a refuge for robber knights and was burned to the ground in the 14th century.

▶ **6** The baroque church in Neu-Augustusburg castle in Weißenfels is beautifully enhanced by its arcades, which are two stories high.

— **F** —

▶ **1** La cathédrale St. Pierre et Paul, maintes fois transformée, est la principale curiosité de la ville parfaitement restaurée de Naumburg.

▶ **2** Uta et son époux sont les plus célèbres des 12 statues en pierre provenant de donateurs, situées dans le chœur occidental de la cathédrale de Naumburg.

▶ **3** De nombreux angelots ornent le parc de la station thermale de Bad Lauchstädt.

▶ **4** Bad Lauchstädt fut jadis la station thermale des nobles. C'est de cette époque que datent le parc et son petit pavillon.

▶ **5** Le château fort de Rudel surplombant la vallée de la Saale près de Bad Kösen, ancienne retraite de brigants, fut réduit en cendre au quatorzième siècle.

▶ **6** L'église baroque du château Neu-Augustusburg, situé à Weißenfels, doit sa beauté particulière à ses arcades à deux étages.

VOM KÖNIGREICH ZUM FREISTAAT

Glanzvolles Sachsen

FROM A KINGDOM TO A FREE STATE
Glorious Saxony

DU ROYAUME À LA RÉPUBLIQUE
La Saxe splendide

Glanzvolles Sachsen

Glorious Saxony

La Saxe splendide

D

Sachsen bedeutet Industrie und zugleich Kunst. Es besitzt zwei großstädtische Pole: die Messestadt Leipzig, einst zweitgrößte Stadt der DDR und im Unterschied zum „halben" Ost-Berlin eine in sich geschlossene urbane Einheit, und die Landeshauptstadt Dresden. Trotz Zerstörung im zweiten Weltkrieg zehrt Dresden noch von seiner glanzvollen Vergangenheit, deren Zeugnisse nicht alle untergegangen sind.

Gerade um Dresden herum entfaltet sich der landschaftliche Reichtum Sachsens mit der Sächsischen Schweiz elbaufwärts, der Oberlausitz im Nordosten und dem Erzgebirge entlang der tschechischen Grenze im Süden. Der Silberbergbau im Erzgebirge hatte dem Land und besonders den Städten Freiberg, Schneeberg und Schwarzenberg Reichtum beschert, während nach dem zweiten Weltkrieg die Ausbeutung der Uranschätze um Aue und in Johanngeorgenstadt folgte.

Der Braunkohletagebau wiederum prägte weite Landstriche südlich von Leipzig. Die Industrie gründete ihre Zentren in Zwickau (Automobilbau) und in Dresden (Feinmechanik und Elektrotechnik). Doch wird Sachsen auch stark landwirtschaftlich genutzt, so fallen doch auch die herrlichen Baudenkmäler auf, und an den nördlichen Elbabhängen um Meißen, Radebeul und Dresden-Pillnitz wachsen sogar Weinreben. Die weiße Flotte der Sächsischen Dampfschiffahrt auf der Elbe erinnert an die großen Vergnügungsdampfer auf Rhein und Mosel.

GB

Saxony symbolizes both industry and art. It boasts two main large towns: the trade fair town of Leipzig, which was once the second largest town in the GDR and an undivided urban unit, (unlike the "half-town" of East Berlin), and the state capital of Dresden. Despite the destruction caused near the end of World War II, Dresden still clings to its glorious past, traces of which are still to be found.

In Dresden's vicinity, Saxony displays its rich landscapes in the Sächsische Schweiz (Saxon Switzerland) further along the Elbe, in Oberlausitz in the north-east and in the Erzgebirge mountains along the Czech border in the south. Silvermining in the Erzgebirge bestowed the state, especially the towns of Freiburg, Schneeberg and Schwarzenberg, with great wealth, whereas the fatal exploitation of the uranium resources around Aue and in Johanngeorgenstadt followed after the war.

Coal-mining was characteristic for large areas to the south of Leipzig. The car industry founded its centre in Zwickau, whilst the precision mechanics and electrical engineering industries settled in Dresden. But, Saxony is also a very agricultural state. Its wonderful architectural monuments are most striking, and grape vines even grow along the northern Elbe slopes near Meißen, Radebeul and Dresden-Pillnitz. Saxony's white fleet of steam boats on the Elbe recall the large pleasure steam boats on the Rhine and Mosel.

F

La Saxe est à la fois un synonyme pour l'industrie et l'art. Deux grandes villes en sont les pôles: la ville d'exposition Leipzig, jadis, deuxième ville de RDA de par sa grandeur et une unité urbaine repliée sur elle-même ainsi que Dresde, capitale du Land. Malgré destruction dans la Seconde Guerre mondiale, la ville se repose en grande partie sur son splendide passé, dont les preuves n'ont pas toutes disparu.

C'est justement aux alentours de Dresde que s'épanouit la richesse du paysage de la Saxe avec, en amont de l'Elbe, la Suisse saxonne, la région du Oberlausitz au nord-est et le Erzgebirge le long de la frontière tchèque au sud. L'exploitation des mines d'argent dans la région du Erzgebirge avait apporté la prospérité au Land et particulièrement aux villes de Freiberg, Schneeberg et Schwarzenberg, tandis qu'après la Seconde Guerre mondiale suivit l'exploitation des richesses d'uranium aux environs d'Aue et à Johanngeorgenstadt.

L'exploitation à ciel ouvert de la lignite a marqué, de vastes étendues au sud de Leipzig. L'industrie s'est établie à Zwickau (industrie automobile) et à Dresde (mécanique de précision et électrotechnique). Bien que l'agriculture occupe une place importante en Saxe – les vignes poussent même sur les pentes septentrionales du bord de l'Elbe, près des villes de Meißen, Radebeul et Dresde-Pillnitz – les magnifiques monuments attirent aussi l'attention.

(Seite 164, links)
Ein Symbol für den Silberbergbau hängt in Schneeberg über
der Straße.

(Mitte)
Den Eingang des „Kaffeebaum",
des ältesten Kaffeehauses in
Leipzig, schmückt eine Barock-
plastik.

(rechts)
Der massive Bronzekopf von
Karl Marx in Chemnitz.

(Seite 165)
Das Bergpalais in Pillnitz, erbaut
von Pöppelmann.

▬▬ GB ▬▬

(page 164, left)
A symbol commemorating the
silver-mining era hangs over
the street in Schneeberg.

(centre)
A baroque statue adorns the
entrance to the "Kaffeebaum"
(coffee tree), Leipzig's oldest
coffee house.

(right)
The solid bronze head of Karl
Marx in Chemnitz.

(page 165)
Bergpalais palace in Pillnitz, built
by Pöppelmann.

▬▬ F ▬▬

(page 164, gauche)
Le symbole des mines d'argent
est suspendu au-dessus de la
rue de Schneeberg.

(centre)
Une statue baroque orne
l'entrée du «Kaffeebaum»
(caféier), le plus ancien café de
Leipzig.

(droite)
Le buste massif en bronze de
Karl Marx à Chemnitz.

(page 165)
Le Bergpalais de Pillnitz,
construit de Pöppelmann.

▲ 1

▼ 2

▼ 3

▼ 4

▼ 5

▲ 6

▬ **D** ▬

▶ **1** Kurfürst August der Starke ließ 1710–1732 die großartige barocke Anlage des Dresdner Zwinger als Platz für Festlichkeiten errichten.

▶ **2** Der Stallhof des Dresdner Schlosses wird von 22 toskanischen Rundbogenarkaden geschmückt. Ursprünglich fanden hier Reiterspiele statt.

▶ **3** 102 m lang ist der „Fürstenzug" in Dresden. Auf echten Meißner Porzellankacheln von 1907 wird ein glanzvoller Reiteraufzug dargestellt.

▶ **4** Die Siegesgöttin Viktoria blickt vom Dresdner Neumarkt auf die Ruine der Frauenkirche, die gerade wiederaufgebaut wird.

▶ **5** Die Brücke „Blaues Wunder" unterhalb des Dresdner Stadtteils Weißer Hirsch beeindruckt als technisches Baudenkmal.

▶ **6** Auch bei nächtlicher Anstrahlung fasziniert Dresden, auch als „Elbflorenz" gerühmt. Hier die Kathedrale (Mitte) und Semper-Oper (rechts).

▬ **GB** ▬

▶ **1** The elector August the Strong erected 1710–1732 Dresden's wonderful baroque Zwinger (keep) as the venue for festivities.

▶ **2** The stable courtyard in Dresden's palace is adorned with 22 arcades of round arches in Tuscan style. Equestrian games used to take place here.

▶ **3** The "Fürstenzug" (princes procession) is 102 m long. A wonderful cavalcade is depicted on real Meißen porcelain tiles dating from 1907.

▶ **4** Viktoria, the Godess of Victory, looks from Dresden's Neumarkt (new Market) onto the ruins of the Frauenkirche (Church of our Lady) which are in the process of being restored.

▶ **5** A very impressive architectural monument, the bridge "Blaues Wunder" (Blue Wonder), sited to the south of the Weißer Hirsch (white stag) district in Dresden.

▶ **6** Dresden, also known as the "Florence of the Elbe", is also fascinating at night when the illuminations are switched on. Here the cathedral (centre) and the Semper opera house (right).

▬ **F** ▬

▶ **1** Le prince-électeur Auguste le Robuste fit construire de 1710 à 1732 le magnifique château baroque de Dresde comme lieu de festivités.

▶ **2** La cour de l'écurie du château de Dresde est ornée de 22 arcades romanes toscanes. C'est ici qu'eurent lieu à l'origine les jeux équestres.

▶ **3** La procession princière de Dresde atteint une longueur de 102 m. Un magnifique défilé de chevaliers est représenté sur un véritable carreau de faïence de Meißen datant de 1907.

▶ **4** La déesse de la victoire Victoria regarde à partir du «Neumarkt», nouveau marché de Dresde, les ruines de l'église Notre-Dame en reconstruction.

▶ **5** Le pont «Blaues Wunder» (Miracle Bleu), monument technique situé en bas du quartier de Dresde «Weißer Hirsch» (Cerf Blanc), est impressionant.

▶ **6** Dresde, également surnommée «Florence de l'Elbe», fascine aussi la nuit, une fois illuminée. Ici la cathédrale (centre) et l'opéra de Semper (droite).

▲ 1

▼ 2

▼ 3

D

▶ **1** In der Rüstkammer im Dresdner Zwinger sind Rüstungen und Prunkwaffen vom ausgehenden Mittelalter bis ins 18. Jahrhundert ausgestellt.

▶ **2** Eine besondere Attraktion in der Rüstkammer ist der „Rennzug" August des Starken, zwei sich mit Stangen bekämpfende Reiterfiguren.

▶ **3** Die Figur der Tänzerin von Degas in der Dresdner Galerie Neuer Meister im Albertinum. Hier sind Kunstwerke von der Klassik und Romantik bis zur heutigen Zeit zu finden.

▶ **4** Zu den berühmten Werken des romantischen Malers Caspar David Friedrich gehört „Das Kreuz im Gebirge", das in der Galerie Neuer Meister zu sehen ist.

▶ **5** Die Kleinodsammlung „Grünes Gewölbe" umfaßt luxuriöse Kristall-, Edelstein-, Perlmutt- und Korallenarbeiten.

▶ **6** Die Porzellansammlung August des Starken im Zwinger ist eine der größten der Welt. Neben Werken aus Meißen sind auch Porzellane aus China und Japan zu sehen.

▶ **7** Am meisten wird im Grünen Gewölbe das Werk des Hofgoldschmieds Dinglinger bestaunt. „Hofstaat zu Delhi am Geburtstag des Großmoguls Aureng Zeb".

▶ **8** Die Hauptattraktion der Galerie Alter Meister im Semperbau des Zwingers ist die „Sixtinische Madonna" von Raffael, ein Erwerb aus Italien.

GB

▶ **1** Armour and splendid weaponry dating back to the end of the Middle Ages and into the 18th century are on display in the Rüstkammer (armoury) in Dresden's Zwinger (keep).

▶ **2** A special attraction in the armoury – August the Strong's two jousting horsemen (Rennzug).

▶ **3** The figure of the Dancer from Degas in the Dresden Galerie Neuer Meister (Gallery of New Masters) in the Albertinum Gallery. Classic and romantic art up to the present day is on display here.

▶ **4** "Das Kreuz im Gebirge" (the crucifix in the mountains) is one of Caspar David Friedrich's famous paintings hanging in the Gallery of New Masters.

▶ **5** The gem collection "Grünes Gewölbe" (Green Vault) contains luxurious pieces of crystal, jewel, pearl and coral workmanship.

▼ 4

▶ **6** August the Strong's porcelain collection in the Zwinger (keep) is one of the world's largest. Besides the objects made from Meißen porcelain, there are also Chinese and Japanese porcelains on display.

▶ **7** The star of the show in the "Grünes Gewölbe" is court goldsmith Dinglinger's work: "The Court of Delhi on the Birthday of the Great Mogul Aureng Zeb".

▶ **8** The main attraction in the Galerie Alter Meister (gallery of Old Masters) in the Semper building of the Zwinger (keep) is Raphael's "Sistine Madonna", acquired in Italy.

— F —

▶ **1** Dans la salle d'armes du château de Dresde, des armures et de splendides armes datant de la période entre le Moyen-Age et le 18. siècle sont exposées.

▶ **2** Une attraction particulière de la salle d'armes est le «Tournoi de joute» d'Auguste le Robuste, deux statues de chevaliers se combattant avec des lances.

▶ **3** La statue de la danseuse de Degas dans la galerie de Dresde Nouveaux Maîtres du Albertinum. On trouve ici des œuvres allant du classique au romantique jusqu'à nos jours.

▶ **4** «Le crucifix sur la montagne» fait partie des œuvres les plus célèbres du peintre romantique Caspar David Friedrich, à admirer dans la galerie de tableaux Nouveaux Maîtres.

▶ **5** La collection d'objets précieux «Grünes Gewölbe» comprend de précieux ouvrages en cristal, en pierres précieuses, en nacre et en corail.

▶ **6** La collection de porcelaine d'Auguste le Robuste, dans le château de Dresde, est une des plus grandes du monde. Outre des ouvrages de Meißen, de la porcelaine de Chine ou du Japon y est exposée.

▶ **7** L'ouvrage de la collection «Grünes Gewölbe» le plus admiré est celui du joailler Dinglingen: «La cour de Delhi, le jour de l'anniversaire du souverain Aureng Zeb».

▶ **8** La principale attraction de l'exposition Vieux Maîtres, située dans le bâtiment de Semper du château de Dresde, est la «Vierge de la chapelle Sixtine» de Raphaël, provenant d'Italie.

▼ **6**　　　　　　　　　　▲ **5**

▼ **7**　　　　　　　　　　▼ **8**

▲ 1

▼ 2

D

▶ **1** Vom Turm der Frauenkirche in Meißen fällt der Blick auf den Markt mit dem Rathaus (vorn) und den Dom (hinten).

▶ **2** Meißen hat einige gemütliche Gaststätten und Weinhäuser aufzuweisen, darunter den berühmten „Vincenz Richter".

▶ **3** Das auf einer Insel gelegene Schloß Moritzburg bei Dresden war das Jagd- und Lustschloß August des Starken.

▶ **4** Die Villa Bärenfett des Radebeuler Karl-May-Museums enthält eine indianerkundliche Sammlung.

▶ **5** Schloß Hoflößnitz in Radebeul bei Dresden liegt als schönes Heimatmuseum inmitten von Weinbergen.

GB

▶ **1** From the tower of the Frauenkirche (Church of Our Lady) in Meißen, one looks onto the market place with the town hall (in front) and the cathedral (behind).

▶ **2** Meißen has several cosy pubs and wine-cellars, including the famous "Vincenz Richter".

▶ **3** Situated on an island, Moritzburg castle near Dresden used to be August the Strong's hunting lodge and country seat.

▶ **4** The Villa Bärenfett (Bear Fat) in the Radebeul Karl-May Museum houses a Red Indian exhibition.

▶ **5** Surrounded by vineyards, Hoflößnitz palace in Radebeul near Dresden serves as a beautiful Heimat (homeland) museum.

F

▶ **1** Du haut de la tour de l'église Notre-Dame à Meißen, une vue du marché avec l'hôtel de ville (devant) et la cathédrale (derrière).

▶ **2** Meißen possède d'attrayants restaurants et bars à vin, comme par exemple le célèbre «Vincenz Richter».

▶ **3** Moritzburg, château situé sur une île près de Dresde, fut le château de chasse et de plaisance d'Auguste le Robuste.

▶ **4** La villa Bärenfett du musée Karl-May de Radebeul abrite une collection retraçant l'histoire des indiens.

▶ **5** Le château Hoflößnitz, ravissant musée folklorique de Radebeul près de Dresde, se trouve au beau milieu de vignes.

▲ 3 ▼ 4 ▼ 5

▶ **1** Die Sächsische Schweiz, elbaufwärts von Dresden, wird landschaftlich geprägt durch Sandsteinfelsen wie hier bei der „Bastei".

▶ **2** Die Tafelberge, Felsen und Schluchten des Elbsandsteingebirges sind ein ideales Kletter- und Wandergebiet.

▶ **3** Bad Schandau, an der Elbe kurz vor der tschechischen Grenze gelegen, ist der gefragteste Urlaubsort in der Sächsischen Schweiz.

▶ **4** Über hohen Mauern thront auf dem Tafelberg die Festung Königstein mit ihren großen Kasematten.

▶ **5** Im Kirnitzschtal bei Bad Schandau zieht der künstlich angelegte, nur 5 m hohe Lichtenhainer Wasserfall viele Ausflügler an.

▶ **6** Burg Hohnstein (14. Jh.) in der Sächsischen Schweiz ist ein weiteres traditionelles Ausflugsziel.

▶ **7** Auf dem 428 m hohen Tafelberg Pfaffenstein lebten schon in der jüngeren Steinzeit und in der Bronzezeit Menschen.

▶ **1** The Sächsische Schweiz (Saxon Switzerland), further up-stream from Dresden, is characterized by sandstone cliffs – here the "Bastei" (Bastion).

▶ **2** The crag summits, cliffs and gorges in the Elbe sandstone mountains make it an ideal area for climbing and hiking.

▶ **3** Bad Schandau, sited on the Elbe near the Czech border, is the most-visited holiday town in Saxon Switzerland.

▶ **4** The Königstein fortress with ist high walls and huge casemates looms high on the crag summit.

▶ **5** The artificial Lichtenhain waterfall (only 5 m) in the Kirnitzschtal near Bad Schandau attracts many tourists.

▲ 1   ▼ 2   ▼ 3

► **6** Hohenstein castle (14th century) is also a traditional tourist attraction in Saxon Switzerland.

► **7** The crag summit Pfaffenstein (428 m) was once even the home of early Stone Age and Bronze Age man.

F

► **1** Le paysage de la Suisse saxonne est caractérisé, à partir de Dresde, en amont de l'Elbe, par des falaises en grès comme ici près de la «Bastei».

► **2** Les montagnes en table, falaises et gorges des monts en grès situées au bord de l'Elbe, constituent une région idéale pour l'alpinisme et les excursions.

► **3** Bad Schandau, localité située au bord de l'Elbe peu avant la frontière tchèque, est le lieu de vacances le plus recherché de la Suisse saxonne.

► **4** La forteresse de Königstein, entourée de hauts remparts, dotée de casemates, domine la montagne en table.

► **5** Dans la Kirnitzschtal, vallée près de Bad Schandau, la cascade artificielle de Lichtenhain, haute seulement de 5 m, attire de nombreux excursionnistes.

► **6** Burg Hohenstein (14. siècle), château fort situé dans la Suisse saxonne, compte parmi les buts traditionnels d'excursion.

► **7** Sur la montagne en table de Pfaffenstein, atteignant une hauteur de 428 m, des êtres humains y ont déjà vécu au début de l'âge de pierre et de bronze.

▲ 4   ▼ 5   ▼ 6

▼ 7

▲1 ▼2 ▼3

▼4

D

▶ **1** Das Zentrum der Oberlausitz, Bautzen, liegt auf einem befestigten Felsplateau über der Spree. Links im Bild die Alte Wasserkunst.

▶ **2** Die Lausitz ist vom Spreewald bis zum Zittauer Gebirge die Heimat der Sorben, sie besitzen eine eigene Sprache und eigene Trachten.

▶ **3** Der Ort Panschwitz-Kuckau in der Oberlausitz ist das traditionelle Zentrum des Osterreitens, eines sorbischen Brauchs.

▶ **4** Durch das in toskanischer Bauweise ausgeführte prächtige Tor von 1755 gelangt man in das Bautzener Domherrenstift.

▶ **5** Im Stil italien. Paläste wurde das Rathaus in der Zittauer Altstadt errichtet; sie steht unter Denkmalschutz.

▶ **6** Den Demianiplatz der niederschlesischen Stadt Görlitz beherrscht die „Kaisertrutz", ein Rundbau aus dem Jahre 1490.

GB

▶ **1** Upper Lusatia's centre, the town of Bautzen, lies on a fortified plateau over the river Spree. On the left, the Alte Wasserkunst (Old Fountain).

▶ **2** Lusatia, stretching from the Spreewald forest to the Zittau mountains, is the home of the Sorbes. They have retained their own language and traditional costumes.

▶ **3** The town of Panschwitz-Kuckau in Upper Lusatia is the traditional venue for the Sorbian custom of Easter Riding.

▶ **4** The entrance to the cathedral monastery in Bautzen is the magnificent Tuscan style gateway which dates back to 1755.

▶ **5** The town hall in Zittau's old town was modelled on Italian palaces and is a listed building.

▶ **6** The Demianiplatz in the Lower Silesian town of Görlitz dominates the "Kaisertrutz" (Imperial Defiance) – a circular building dating back to 1490.

— **F** —

▶ **1** Le centre de la région du Oberlausitz, Bautzen, est situé sur un plateau rocheux surplombant le Spree; à gauche, sur la photo le «Alte Wasserkunst» (Vieil Art hydraulique).

▶ **2** La région du Lausitz entre la forêt du Spree et les montagnes de Zittau, est le pays des Sorbes. Ils possèdent leur propre langue et costumes folkloriques.

▶ **3** Panschwitz-Kuckau, localité de la région du Lausitz supérieur, est le centre traditionnel des défilés à chevaux de Pâques, une coutume sorbe.

▶ **4** En traversant la superbe porte d'architecture toscane datant de 1755, on pénètre à l'intérieur de la cathédrale de Bautzen.

▶ **5** L'hôtel de ville de la vieille cité de Zittau fut construit dans le style des palais italiens. Cette cité fut déclarée zone de monuments historiques.

▶ **6** La Demianiplatz, place de la ville de Silésie inférieure Görlitz, est dominée par une construction circulaire datant de 1490, le «Kaisertrutz».

▲ 5

▼ 6

▲ 1   ▼ 2   ▼ 3

▶ **1**   Ein Kleinod in Pillnitz-Heidenau ist der unvollendet gebliebene Barockgarten Groß-sedlitz des Grafen Christoph von Wackerbarth.

▶ **2**   Die dampfbetriebene Osterzgebirgsbahn, die von Freital bei Dresden zum Kurort Kipsdorf fährt, ist die zweitläng-ste ostdeutsche Schmalspur-bahn.

▶ **3**   Frauenstein ist eine der ältesten mittelalterlichen Burg-ruinen in Ostdeutschland, da sie bereits im 16. Jh. verfallen ist.

▶ **4**   Ein Anziehungspunkt in der Silberbergbaustadt Freiberg ist der Obermarkt mit dem Brunnen „Otto der Reiche" und dem Rathaus.

▶ **5**   Die mit weißgestrichenen Holzelementen ausgestattete Kirche steht im kleinen Badeort Wolkenstein im westlichen Erz-gebirge.

▶ **6**   Das Richard-Wagner-Museum in Graupa bei Dresden. In diesem Bauernhaus wohnte der Komponist 1846.

▶ **1**   Count Christoph von Wackerbarth's unfinished baroque Großsedlitz garden is a little jewel in Pillnitz-Heidenau.

▶ **2**   The Osterz steam moun-tain railway, which travels from Freital near Dresden to the health resort Kipsdorf, is the second largest east German narrow-gauge railway.

▶ **3**   Frauenstein is one of the oldest castle ruins in eastern Germany. It went to ruin in the 16th century.

▶ **4**   With its fountain "Otto the Rich Man" and the town hall, the Obermarkt (upper market place) is a tourist attraction in the sil-ver-mining town of Freiberg.

▶ **5** The church with its white wooden elements stands in the little spa-town of Wolkenstein, in the western part of the Erzgebirge.

▶ **6** The Richard-Wagner Museum in Graupa near Dresden. The composer lived in this farmhouse in 1846.

F

▶ **1** Un bijou de la ville de Pillnitz-Heidenau est le jardin baroque inachevé de Großsedlitz du comte Christoph von Wackerbarth.

▶ **2** Le train à vapeur du Erzgebirge orientale qui conduit de Freital près de Dresde jusqu'à la station thermale de Kipsdorf, est le second train à voies étroites par ordre de longueur d'Allemagne de l'Est.

▶ **3** Frauenstein, château fort tombé en ruines dès le 16. siècle, est un des plus anciens vestiges de l'Allemagne de l'Est datant du Moyen Âge.

▶ **4** Une curiosité de Freiberg, ville d'exploitation de mines d'argent, est le Obermarkt, marché où se dresse la fontaine «Otton le Riche» et l'hôtel de ville.

▶ **5** L'église en bois blanc se dresse dans la petite station balnéaire de Wolkenstein dans la partie occidentale du Erzgebirge.

▶ **6** Le musée de Richard Wagner à Graupa près de Dresde. C'est dans cette ferme que vécut le compositeur en 1846.

▲ **4**

▼ **5**

▼ **6**

▲ 1

▼ 2

▲ 3

▼ 4

▼ 5

▼ 6

D

► **1** Die in den Felsen gehauene Burg Kriebstein, die auf das 14. Jahrhundert zurückgeht, überragt das Zschopautal.

► **2** Wie ein römisches Aquädukt überspannt die 78 m hohe Eisenbahnbrücke aus Ziegelstein das Göltzschtal bei Mylau.

► **3** Der Ort Schwarzenberg im südwestlichen Erzgebirge wird vom Jagdschloß der Wettiner überragt, heute ein erzgebirgisches Eisenmuseum.

► **4** In Chemnitz fährt man im Winter auf dem Schloßteich Schlittschuh und im Sommer Kahn. Im Hintergrund die St.-Marien-Kirche.

► **5** Ein Bergknappe in traditioneller Uniform führt durch das Schaubergwerk von Johanngeorgenstadt im Erzgebirge.

► **6** Seiffen ist das Zentrum der Herstellung weihnachtlicher Figuren, Krippen und Holzpyramiden im Erzgebirge.

GB

► **1** Set into the cliff itself, the 14th century Kriebstein castle looms over the Zschopau valley.

► **2** Similar to a Roman aquaduct, the brick railway bridge (78 m) spans the Göltzsch valley near Mylau.

► **3** Schwarzenberg, in the south-west of the Erzgebirge, is dominated by the Wettin hunting lodge which, today, serves as a railway museum.

► **4** The palace lake in Chemnitz offers ice-skating in the winter and canoeing in the summer. The St. Marien church in the background.

► **5** A miner in traditional uniform guides tourists through the Schauberg mine in Johanngeorgenstadt in the Erzgebirge.

► **6** Seiffen is the Erzgebirges centre for producing Christmas figures, cribs and wooden pyramids.

F

► **1** Le château de Kriebstein, taillé dans les falaises et qui date du quatorzième siècle, domine la vallée de Zschopau.

► **2** Pareil à un aqueduc romain, le pont ferroviaire en brique, d'une hauteur de 78 m, s'étend au-dessus de la vallée de Göltzsch près de Mylau.

► **3** La ville de Schwarzenberg, au sud-ou west de la région du Erzgebirge, est surplombée par le château de chasse des Wettiner, aujourd'hui musée du fer du Erzgebirge.

► **4** A Chemnitz, on peut faire en hiver du patin à glace sur l'étang du château et en été une excursion en bateau. En arrière-plan, l'église de la Vierge.

► **5** Un mineur en uniforme traditionnel guide à travers la mine ouverte au public de Johanngeorgenstadt, située dans le Erzgebirge.

► **6** Seiffen est, dans la région du Erzgebirge, le centre de production des figures, crèches et pyramides en bois de Noël.

▲ 1

▲ 4

▼ 2

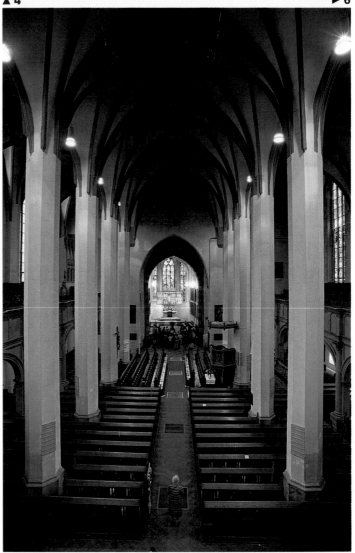

▼ 3

▶ 5

▶ 6

D

► 1 Auf dem Leipziger Sachsenplatz verbinden sich in gelungener Form barocke Bürgerhäuser mit Bauten aus der Neuzeit, umgeben von blühenden Gartenanlagen.

► 2 Die Mädlerpassage, eine der schönsten alten Ladenstraßen von Leipzig. Im Vordergrund Figuren aus Goethes „Faust".

► 3 Das Gewandhaus, Leipzigs berühmter Konzertsaal, wurde am Augustusplatz neu errichtet – vorn der Mendebrunnen.

► 4 Der aus der Braunkohlegrube entstandene Kulkwitzer See in Markranstädt bei Leipzig ist bei Wassersportlern sehr beliebt.

► 5 Die Leipziger Thomaskirche war eine der großen Wirkungsstätten von Johann Sebastian Bach, in ihr fand er auch seine letzte Ruhestätte.

► 6 Im grünen Licht von Leuchtstofflampen erscheint das Alte Rathaus von Leipzig, ein Renaissancebau von 1556, seltsam verfremdet.

GB

► 1 Baroque town houses and modern buildings surrounded by blossoming gardens successfully merge together on the Sachsenplatz in Leipzig.

► 2 The Mädlerpassage, one of the most beautiful old shopping streets in Leipzig. In the foreground, characters from Goethe's tragedy "Faust".

► 3 The "Gewandhaus" – the Mende fountain in front. Leipzig's famous concert hall was rebuilt on the Augustusplatz (Place of Augustus).

► 4 Once a coal-mine, Kulkwitz Lake in Markranstädt near Leipzig is a popular place for watersports.

► 5 Johann Sebastian Bach worked in Leipzig's church Thomaskirche, where he was also buried.

► 6 Leipzig's "Altes Rathaus" (Old town hall), a Renaissance building from 1556, seems strangely unfamiliar in the green neon lights.

F

► 1 Sur la place de Saxe de Leipzig, les maisons bourgeoises baroques s'associent harmonieusement aux constructions modernes, entourées de jardins en fleurs.

► 2 Le Mädlerpassage, une des plus jolies rues commerçantes anciennes de Leipzig. Au premier-plan une statue issue de la tragédie de Goethe «Faust».

► 3 La Gewandhaus, célèbre salle de concert de Leipzig, fut reconstruite sur la place St. Auguste – devant, la fontaine Mende.

► 4 Le lac de Kulkwitz, formé à partir d'une mine de lignite, situé à Markranstädt près de Leipzig, est très apprécié des amoureux de sports nautiques.

► 5 L'église de St. Thomas à Leipzig joua un rôle important dans la vie de Jean-Sébastien Bach. C'est là qu'il trouva également son dernier repos.

► 6 La lumière verte des lampes fluorescentes rend le vieil hôtel de ville de Leipzig, une construction de style Renaissance de 1556, étrangement méconnaissable.

Von der Ahr in die Pfalz

WINE COUNTRY
From the Ahr to the Palatinate

LE PAYS DU VIN
Du Ahr au Palatinat

Von der Ahr in die Pfalz

From the Ahr to the Palatinate

Du Ahr au Palatinat

D

Drei Flüsse prägen das Bundesland Rheinland-Pfalz: der Rhein und seine Nebenflüsse Ahr und Mosel. Hinzu kommt die Saar, die einem eigenen Land ihren Namen verleiht. Beide Länder sind nicht nur von der jüngeren Geschichte geprägt, die eines überhaupt erst als (zusammengefügtes) Gebilde entstehen ließ (Rheinland-Pfalz) und des anderen Zugehörigkeit zu Deutschland zweimal in Frage stellte (Saarland), sondern auch von der älteren.

So findet man Reste der römischen Herrschaft als Bauwerke in Trier und als Ritterburgen am Rhein, aber auch in der Weinbaukultur. Und von vergangenen Naturgewalten zeugen die geheimnisvollen Eifelmaare. Neben anmutigen Tälern finden sich die kargen Landschaften von Eifel und Hunsrück.

Beide Bundesländer haben einiges beigetragen zur Berühmtheit Deutschlands: Mainz Johannes Gutenberg und seine Buchdruckkunst und die Mainzer Fastnacht, manchen bekannten Politiker unterschiedlicher Parteizugehörigkeit, die freundschaftlich gewordene Verbindung zu den Nachbarländern Luxemburg und Frankreich, Kohle und Stahl von der Saar, chemische Produkte aus Ludwigshafen, ein nationales Fernsehprogramm vom Mainzer Lerchenberg (ZDF) und manches mehr. Und landschaftlich: Das schönste Teilstück des Rheins mit sagenumwobenen Stätten von der Nibelungenheimat bis zum Loreleyfelsen befindet sich im Gebiet der beiden Bundesländer.

GB

Three rivers that are also famed for the vineyards along their banks characterize the federal state of Rhineland-Palatinate: the Rhine and its tributories, the Ahr and the Mosel. In addition, there is the Saar, which lends its name to its own state. Both states have not only been affected by recent events – one (Rhineland-Palatinate) obtaining a unified structure, the other (Saarland) questioning its alliance to Germany – but also by ancient history.

Thus, relics of the Roman government can be found in buildings in Trier on the one hand, and in knight's castles along the Rhine, as well as in viniculture on the other. And the mysterious Eifel craters bear witness to past forces of nature. The sterile landscapes in the Eifel and Hunsrück contrast with charming villages.

Both states have contributed to Germany's fame: Johannes Gutenberg and his art of Letterpress printing and the Fastnacht (Shrovetide); various well-known politicians of different party affiliation; the now friendly relationship between the neighbouring countries of Luxemburg and France; coal and steel from the Saar; chemical products from Ludwigshafen; a national television broadcasting station (ZDF) at the Lerchenberg in Mainz, and much more. The landscapes have also made their contribution: the most beautiful part of the Rhine with its legendary places (from the home of the Nibelungs to the Loreley Rock) extends through both states.

F

Le Land de Rhénanie-Palatinat est marqué par trois fleuves, le Rhin et ses affluents Ahr et Moselle. A cela s'ajoute encore la Sarre qui a conféré son propre nom à tout un Land. Ces deux Länder n'ont pas été seulement façonnés par l'histoire contemporaine qui ne permit la naissance de l'un d'entre eux que sous forme d'assemblage (Rhénanie-Palatinat) et qui remit l'appartenance de l'autre à l'Allemagne deux fois en question (Land de la Sarre), mais aussi par l'histoire ancienne.

On retrouve des traces de l'occupation romaine au travers des monuments de Trèves et des châteaux forts du bord du Rhin mais aussi dans le domaine viticole. Les mystérieux cratères éteints de l'Eifel témoignent des forces naturelles passées. A côté des charmantes vallées se trouvent les paysages de l'Eifel et de Hunsrück.

Ces deux Länder ont contribué à la célébrité de l'Allemagne: Johannes Gutenberg et son imprimerie à Mayence et le carnaval de la ville, politiciens appartenant à différents partis, les relations amicales entretenues avec les pays voisins du Luxembourg et de la France, charbon et acier provenant de la Sarre, produits chimiques de Ludwigshafen, un programme national de télévision émis du «Lerchenberg» de Mayence (ZDF) et j'en passe. Au point de vue du paysage: le plus joli partie du Rhin avec ces lieux, objet de bien de légendes, tels que le pays des Nibelungen et le rocher de Loreley, se trouve sur le territoire de ces Länder.

(Seite 184, links)
Das größte bewegliche Radio-
teleskop der Welt bei Bad
Münstereifel.

(Mitte)
Die Felsenformation „Braut und
Bräutigam" bei Dahn.

(rechts)
Hoch über Rüdesheim am Rhein
erhebt sich seit 1883 das nationale Niederwalddenkmal.

(Seite 185)
Wahrzeichen von Trier ist das
römische Stadttor Porta Nigra.

GB

(page 184, left)
The world's largest mobile radio
telescope (Bad Münstereifel).

(centre)
The cliff formation "Braut und
Bräutigam" (bride and groom)
towers high near Dahn.

(right)
The National Niederwald memorial has risen high above Rüdesheim on the Rhine since 1883.

(page 185)
Trier's landmark is the Roman
town gateway Porta Nigra.

F

(page 184, gauche)
Le plus grand radiotélescope
mobile du monde près de Bad
Münstereifel.

(centre)
La formation rocheuse «La
mariée et son époux» s'élève
près de Dahn.

(droite)
Le «Niederwalddenkmal», monument national s'élève, depuis
1883, au-dessus de Rüdesheim
au bord du Rhin.

(page 185)
L'emblème de Trèves est la
porte d'enceinte romaine
Portra Nigra.

▲ 1

▬ D ▬

▶ **1** Pracht vom Anfang dieses Jahrhunderts. In Bad Ems erinnern die Kurhäuser an die Glanzzeit des Prominentenbads an der Lahn.

▶ **2** Aus der Luft erkennt man die runde Form der Eifelmaare – vulkanischen Ursprungs – am deutlichsten. Hier ein Vulkansee bei Weinfeld.

▶ **3** Die Abteikirche des Eifelklosters Maria Laach stellt ein großartiges Zeugnis der romanischen Baukunst dar.

▶ **4** Alljährlich zieht ein Blumenkorso mit festlich geschmückten Wagen durch den Kurort Bad Ems.

▶ **5** Der über 20 km lange Nürburgring bei Adenau (Eifel) gilt als eine der beliebtesten Rennstrecken der Welt.

▶ **6** Die Landschaft an der Ahr ist, wie hier bei Bad Neuenahr, geprägt von Weinstöcken, die bis an die Orte heranreichen.

▬ GB ▬

▶ **1** Pomp from the beginning of the century. The spa-hotels in Bad Ems bear witness to the glory days of the spa-town on the river Lahn.

▶ **2** One can best discern the round form of the vulcanic Eifel craters from the air. Here a vulcano lake near Weinfeld.

▶ **3** The abbey church in the Eifel monastery Maria Laach is a splendid example of Romanesque architecture.

▶ **4** Beautifully decorated floats drive through the spatown of Bad Ems during the annual Battle of the Flowers festival.

▶ **5** The over 20 km long Nürburgring near Adenau (Eifel) is considered one of the world's most popular race tracks.

▶ **6** Vineyards reaching down into the towns are characteristic features of the Ahr landscape – here near Bad Neuenahr.

▬ F ▬

▶ **1** Splendeur du début de ce siècle. Les établissements thermals de Bad Ems évoquent l'apogée connue par cette station balnéaire renommée du bord de la Lahn.

▶ **2** Une vue aérienne permet de discerner le plus clairement la forme circulaire dues cratères volcaniques éteints de l'Eifel – ici un lac volcanique près de Weinfeld.

▶ **3** L'église abbatiale du monastère de l'Eifel Maria Laach est un splendide témoignage de l'art architectural roman.

▶ **4** Un corso fleuri constitué de voitures richement décorées défile, chaque année, dans la station thermale de Bad Ems.

▶ **5** Le Nürburgring près d'Adenau (Eifel) est, avec ses 20 km, un des parcours de course les plus fréquentés du monde.

▶ **6** Le paysage du bord de l'Ahr, tel qu'ici près de Bad Neuenahr, est dominé par les vignes qui s'étendent jusqu'aux villages.

▲ 2 ▼ 3 ▼ 4 ▼ 5

▼ 6

▲1   ▼2

▶ **1**   Die Moselschleife bei Traben-Trarbach, gesehen von den Höhen oberhalb der Grevenburg (vorn rechts).

▶ **2**   Eines der beliebtesten Reiseziele an der Mosel ist die Ritterburg Eltz hoch über dem Ort Moselkern.

▶ **3**   Die Weinstadt Cochem bildet zusammen mit der früheren Reichsburg das touristische Zentrum an der Mosel.

▶ **4**   Moselweine sind nicht nur in Deutschland beliebt, sie werden auch gern im Ausland getrunken.

▶ **5**   Die Winzer an Rhein und Mosel laden, wie hier in Bernkastel-Kues (Mosel), gern zu einer Weinprobe ein.

▶ **1**   A meander of the Mosel at Traben-Trarbach, seen from the hills above Grevenburg castle (front right).

▶ **2**   One of the most popular attractions along the Mosel is the knight's castle Eltz, high above the town of Moselkern.

▶ **3**   The Mosel's centre of tourism is the wine-town of Cochem with its former "Reichsburg" (imperial castle).

▲ 3

▶ **4** Mosel wines are not only popular in Germany, they are also much-loved in other countries.

▶ **5** The vine-growers along the Rhine and Mosel like to invite guests to wine-tastings – here in Bernkastel-Kues (Mosel).

═ **F** ═

▶ **1** Une vue de la boucle faite par la Moselle à Traben-Trarbach, à partir des hauteurs dominant le château de Greven (au-premier plan, à droite).

▶ **2** Un des buts touristiques les plus fréquentés au bord de la Moselle est le château fort d'Eltz qui domine la ville de Moselkern.

▶ **3** La ville viticole de Cochem constitue avec l'ancien château impérial le centre touristique au bord de la Moselle.

▶ **4** Les vins de la Moselle ne sont pas seulement appréciés en Allemagne. On les boit volontiers dans le monde entier.

▶ **5** Les vignerons du bord du Rhin et de la Moselle, ici à Bernkastel-Kues (Moselle), invitent avec plaisir à une dégustation.

▼ 4

▼ 5

▲ 1

▼ 2

▬ D ▬

▶ **1** Der Trierer Dom bildet zusammen mit der Liebfrauen-kirche eine Doppelkirche, die auf den Resten eines Römer-palastes entstand.

▶ **2** Im Dom zu Trier verbinden sich in verschiedenen Jahrhun-derten geschaffene Stilele-mente zu einer einheitlichen Harmonie.

▶ **3** Das kurfürstliche Palais (17. Jh.) in Trier bildet eine mei-sterliche Verbindung zwischen dem barocken Stil und dem der Renaissance.

▶ **4** Das Trierer Dreikönigshaus gehört als spätromanisches Wohnhaus zu den vielen Sehenswürdigkeiten der älte-sten deutschen Stadt.

▶ **5** Das berühmte Neumage-ner Weinschiff ist ein steinernes bürgerliches Grabmal aus römi-scher Zeit, zu sehen in Trier.

▶ **6** Im römischen Amphithea-ter unterhalb des Trierer Petri-berges fanden vom 1. bis 4. Jh. n. Ch. auch Gladiatoren-kämpfe statt.

▬ GB ▬

▶ **1** The cathedral and the Liebfrauen church in Trier form a dual church, which is sited on the remains of a Roman palace.

▶ **2** Throughout the centuries, many different architectural styles have been combined to form a unit of harmony in the Trier cathedral.

▶ **3** The 17th century palace in Trier masterly combines ba-roque and Renaissance styles.

▶ **4** Trier's late-Romanesque Dreikönigshaus (House of Three Kings) belongs to the many sight-seeing attractions in Germany's oldest town.

▶ **5** The famous Neumagen Wine Ship in Trier is a stone monument from Roman times.

▶ **6** From the 1st to the 4th century A.D. gladiators used to fight in the Roman amphitheatre below Trier's Petriberg.

 F

▶ **1** La cathédrale de Trèves et l'église Notre-Dame, églises jumelles, furent construites sur les vestiges d'un palais romain.

▶ **2** Des éléments stylistiques, créés au fil des siècles, s'associent harmonieusement dans la cathédrale de Trèves.

▶ **3** Le palais impérial de Trèves (dix-septième siècle) représente une association parfaite entre le style baroque et le style Renaissance.

▶ **4** La «Dreikönigshaus» (maison des Rois Mages) de Trèves, bâtiment en style roman de la dernière époque, compte parmi les nombreuses curiosités de la plus ancienne ville allemande.

▶ **5** Le célèbre «Neumagener Weinschiff» (bateau du vin), à admirer à Trèves, est une sépulture bourgeoise en pierre, datant de l'époque romaine.

▶ **6** Dans l'amphithéâtre romain adossé au flanc du Mont St. Pierre de Trèves, eurent lieu entre autre, du 1. au 4. siècle après J.-C., des combats de gladiateurs.

▲ **3**

▼ **4**

▼ **5**

▼ **6**

▲ 1

▲ 2

▼ 4

▼ 5

► **1** Schloß Philippsburg gehörte zur Koblenzer Festung Ehrenbreitstein. Dieser von Balthasar Neumann geschaffene Teil am Rheinufer blieb erhalten.

► **2** Die Marksburg über Braubach ist als einzige mittelrheinische Höhenburg unzerstört geblieben. Von hier genießt man einen herrlichen Ausblick.

► **3** Auf dem „Deutschen Eck", der Landspitze in Koblenz, am Zusammenfluß von Mosel (oben) und Rhein, steht seit 1993 wieder das Reiterdenkmal Kaiser Wilhelm I.

► **4** Das Loreley-Denkmal bei St. Goarshausen erinnert an die Sage von dem schönen Mädchen, das auf dem Loreley-Felsen den Nibelungen-Schatz bewacht.

► **5** Der 132 m hohe Loreley-Felsen über einer Flußenge des Rheins ist Inbegriff der vielbesungenen Rheinromantik und ein beliebtes Ausflugsziel.

► **6** Über St. Goar thront die Burgruine Rheinfels, am rechten Rheinufer gegenüber liegt St. Goarshausen mit der Burg Neu-Katzenelnbogen, kurz „Katz" genannt.

► **7** Im Winter ruht zwar die Ausflugsschiffahrt auf dem Rhein, doch entfalten die Orte längs des Stroms – hier Boppard – auch im Schnee malerische Reize.

► **1** Philippsburg castle once belonged to the Koblenz fortress Ehrenbreitstein, built by Balthasar Neumann. This part on the banks of the Rhine has been preserved.

► **2** The "Marksburg" (march castle) above Braubach is the only central Rhenish castle to have escaped ruin. From here one has a fantastic view.

► **3** An equestrian memorial to Kaiser Wilhelm I has stood at the "Deutsches Eck" (German Corner), the promontory between Rhine and Mosel, since 1993.

► **4** The Loreley monument near St. Goarshausen recalls the legend of the beautiful maiden on the Loreley Rock who watches over the treasure of the Nibelungs.

► **5** High above a narrow part of the Rhine, the Loreley Rock (132 m) is the epitome of the much-praised Rhine romance and a popular day-trip attraction.

► **6** St. Goar is overlooked by the Rheinfels castle ruins. St. Goarshausen and its castle Neu-Katzenelnbogen, "Katz" (cat) for short, lies on the right-hand side of the Rhine.

► **7** The pleasure boats on the Rhine do not operate in the winter months, but the towns along the river still retain their picturesque charm in the snow – here Boppard.

— **F** —

► **1** Le château de Philippsburg a appartenu à la forteresse Ehrenbreitstein de Coblence. Ce fragment, construit au bord du Rhin par Balthasar Neumann, existe encore de nos jours.

► **2** Le Marksburg dominant Braubach, est le seul château en altitude de Rhénanie centrale resté intact. De là, on jouit d'une vue superbe.

► **3** Sur la pointe de terre «Deutsches Eck», au confluent de la Moselle (en haut) et du Rhin, se dresse de nouveau depuis 1993 le monument équestre de l'empereur Guillaume I.

▲ 6

► **4** Le monument de Loreley, près de St. Goarshausen, commémore la légende de la ravissante jeune fille qui veille, au rocher de Loreley, sur le trésor des Nibelungen.

► **5** Le rocher de Loreley, dominant un détroit du Rhin, incarne avec ses 132 m de hauteur le romantisme du fleuve si souvent célébré et est un but d'excursion très apprécié.

► **6** Les ruines du château de Rheinfels surplombent St. Goar; sur la rive droite, vis à vis, se trouve St. Goarshausen avec le château fort de Neu-Katzenelnbogen, surnommé «Katz».

► **7** Bien que la navigation de plaisance soit interrompue en hiver sur le Rhin, les localités tout au long du fleuve déploient aussi sous la neige – ici Boppard – des charmes pittoresques.

▼ 7

▲ 1   ▶ 2

▲ 3

D

▶ **1** Die erste von Gutenberg gedruckte Bibel von 1455 ist das wertvollste Ausstellungsstück im Mainzer Gutenberg-Museum.

▶ **2** Der Dom in der rheinland-pfälzischen Landeshauptstadt Mainz zählt zu den bedeutendsten sakralen Bauwerken in Deutschland.

▶ **3** Die Gaststätte im Kloster Eberbach oberhalb von Eltville lädt zum Genuß von Weinen aus dem hessischen Rheingau ein.

▶ **4** Die „Pfalz" im Rhein bei Kaub. Die Zollburg aus dem 14. Jahrhundert erinnert an ein Schlachtschiff.

▶ **5** Zu den großen Ereignissen längs des Rheins zählt die Feuerwerksveranstaltung „Rhein in Flammen" (hier bei Bingen).

▶ **6** Im Mäuseturm im Rhein bei Bingen soll der grausame Bischof Hatto von Mainz einst von Mäusen verspeist worden sein.

GB

▶ **1** The first Bible printed by Gutenberg in 1455 is the most valuable exhibit in the Gutenberg Museum in Mainz.

▶ **2** The cathedral in Mainz, Rhineland-Palatinate's capital, belongs to Germany's most significant sacred buildings.

▶ **3** The restaurant in the Eberbach monastery above Eltville offers wines from hessian Rheingau.

▶ **4** The "Pfalz" (imperial palace), standing in the Rhine near Kaub. The 14th century toll-castle looks like a battleship.

▶ **5** The firework extravaganza "The Rhine in Flames" is one of the highlights along the Rhine (here near Bingen).

▶ **6** The ghastly Bishop Hatto von Mainz is supposed to have been eaten alive by mice in the "Mäuseturm" (Mouse Tower) which stands in the Rhine near Bingen.

F

▶ **1** La première Bible imprimée par Gutenberg en 1455 est la pièce la plus précieuse exposée au musée de Gutenberg à Mayence.

▶ **2** La cathédrale de Mayence, capitale du Land Rhénanie-Palatinat, compte parmi les constructions religieuses les plus remarquables d'Allemagne.

▶ **3** Le restaurant situé dans le monastère d'Eberbach dominant Eltville, invite à la dégustation des vins provenant du «Rheingau», la région hessoise au sud du Taunus.

▶ **4** Le «Pfalz» au milieu du Rhin près de Kaub. Le château impérial, poste douanier datant du 14. siècle, ressemble à un cuirassé d'escadre.

▶ **5** Les feux d'artifice organisés lors de la fête du «Rhin en flammes» (ici près de Bingen) comptent parmi les événements les plus importants au bord du Rhin.

▶ **6** On raconte que le cruel évêque Hatto von Mainz fut dévoré, jadis, par des souris dans la «Mäuseturm» (tour aux souris) située dans le Rhin près de Bingen.

▲4   ▼5   ▼6

▲ 1   ▼ 2   ▼ 3

▼ 4

D

▶ **1**   Speyer am Oberrhein ist vor allem wegen des monumentalen Doms bekannt, der bereits auf das Jahr 1030 zurückgeht.

▶ **2**   Der kaiserliche Dom St. Peter zu Worms beherbergt einen von Balthasar Neumann geschaffenen Hochaltar.

▶ **3**   Die Pfalzgalerie in Kaiserslautern ist bevorzugt Ausstellungen moderner Werke von Künstlern aus der Pfalz gewidmet.

▶ **4**   Zu den traditionellen Bräuchen in Worms am Oberrhein gehört der Wettkampf des Fischerstechens, der auf Booten ausgetragen wird.

▶ **5**   Die Doppelstadt Idar-Oberstein im Nahetal, einst ein Zentrum des Edelsteinschleifens, besitzt eine Felsenkirche.

▶ **6**   Heute werden in Idar-Oberstein, Sitz des Deutschen Edelsteinmuseums, nur noch importierte Edelsteine verarbeitet.

► **7** Die Statue des Hagen von Tronje, der den Nibelungenschatz im Rhein versenkt hat, erinnert in Worms an diese deutsche Heldensage.

► **8** Der „Teufelstisch" in Hinterweidenthal. Sagenumwobener Stein im Dahner Felsenland des Pfälzer Waldes.

GB

► **1** Speyer, on the Upper Rhine, is mainly famous for its monumental cathedral founded in 1030.

► **2** The imperial cathedral St. Peter zu Worms houses a high altar built by Balthasar Neumann.

► **3** The Pfalzgalerie (Palatinate Gallery) in Kaiserslautern predominantly exhibits modern art by Palatinate artists.

► **4** One of the traditional customs in Worms on the Upper Rhine is the "Fischerstechen" (fishermen's jousting), a competition which is fought out on boats.

► **5** Once the centre of the gem cutting and polishing industry, the twin town of Idar-Oberstein in the Nahe valley possesses a church set into the cliffs.

► **6** Today only imported gems are cut and polished in Idar-Oberstein, which is where the German Museum of Precious Stones is situated.

► **7** In Worms, the statue of Hagen von Tronje, who sank the treasure of the Nibelungs in the Rhine, recalls the German heroic saga.

► **8** The "Teufelstisch" (Devil's Table) in Hinterweidenthal. A legendary rock in the Dahn cliff landscape in the Palatinate Forest.

F

► **1** Speyer, au bord du cours supérieur du Rhin, est célèbre en premier lieu pour son imposante cathédrale qui date de 1030.

► **2** La cathédrale impériale St. Peter de Worms abrite un maître-autel, créé par Balthasar Neumann.

► **3** La galerie de tableaux du château impérial de Kaiserslautern expose de préférence les œuvres contemporaines d'artistes provenant du Palatinat.

► **4** Le «Fischerstechen», tournois de joute nautiques, disputés à partir de barques, comptent parmi les coutumes traditionnelles de Worms, ville au bord du cours supérieur du Rhin.

► **5** Idar-Oberstein, villes jumelles du Nahetal, jadis centre de taillement de pierres précieuses, possède une église rocheuse.

► **6** Seul des pierres précieuses importées sont travaillées, de nos jours, à Idar-Oberstein, siège du musée allemand de pierres précieuses.

► **7** Dans la ville de Worms, la statue d'Hagen von Tronje qui immergea le trésor des Nibelungen dans le Rhin, rappelle la légende allemande.

► **8** La «Teufelstisch» (table du diable) dans la région d'Hinterweidenthal. Pierre, objet de nombreuses légendes, située à Dahn, région rocheuse de la Forêt du Palatinat.

▲ 5   ▼ 6   ▼ 8

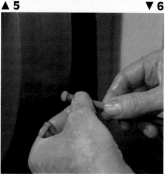

▼ 7

D

▶ **1** Im Abteipark von Mettenheim bei Worms ist der aus Keramiksteinen geformte moderne „Homo Ceramicus" aufgestellt.

▶ **2** Vom Aussichtspunkt Cloef bei Orscholz bietet sich das prächtige Panorama der engen Saar-Schleife.

▶ **3** Die wiederaufgebaute barocke Ludwigskirche ist eines der wichtigsten Bauwerke in der Altstadt von Saarbrücken.

▶ **4** Zur „Miniwelt" im Deutsch-Französischen Garten von Saarbrücken gehört auch eine Nachbildung des Brüsseler Atomiums.

▶ **5** Am St.-Johanner-Markt in der Saarbrücker Altstadt gibt es eine große Auswahl gemütlicher Gaststätten und Cafés.

▶ **6** In der ehemaligen Benediktiner-Abtei von Mettlach mit ihrer über 100 m langen Barockfront befindet sich heute ein weltbekanntes Keramikunternehmen.

▶ **7** Merzig am Unterlauf der Saar geht auf eine römische Siedlung zurück und war einst trierisch-lothringische Hauptstadt.

GB

▶ **1** The modern "Homo Ceramicus", made from ceramic stones, stands in Mettenheim's abbey park near Worms.

▶ **2** The vantage point at Cloef near Orscholz gives a spectacular view of the narrow bend in the Saar.

▶ **3** The reconstructed baroque church Ludwigskirche is one of the most significant buildings in Saarbrücken's old town.

▲ 1

▲ 2

▼ 3

▼ 4

▼ 5

▲ 6

► **4** A replica of the Atomium in Brussels belongs to the "mini-world" in Saarbrücken's "Deutsch-Französischer Garten" (Franco-German Park).

► **5** Numerous cosy restaurants and cafés are situated on the St. Johanner market place in Saarbrücken's old town.

► **6** The former Benedictine abbey in Mettlach with its over 100 m baroque facade today houses a world-famous ceramics company.

► **7** Situated on the lower course of the Saar, Merzig goes back to a Roman settlement and was once the Treves-Lorraine capital.

— **F** —

► **1** Dans le parc de l'abbaye de Mettenheim près de Worms, on peut admirer l'«Homo Ceramicus» moderne, façonné dans de la céramique.

► **2** A partir de Cloef près d'Orscholz s'offre le magnifique panorama de l'étroite boucle formée par la Sarre.

► **3** L'église baroque de St. Louis qui fut reconstruite, est une des constructions les plus importantes de la vieille cité de Sarrebruck.

► **4** Une copie de l'Atomium bruxellois fait partie du «mini-monde», situé dans le jardin franco-allemand de Sarrebruck.

► **5** Au bord de la place St. Jean, située dans la cité de Sarrebruck, il y a de nombreux restaurants et cafés agréables.

► **6** Dans l'ancienne Abbaye bénédictine de Mettlach dont la façade baroque fait 100 m de large se trouve, aujourd'hui, une usine de céramique de renommée mondiale.

► **7** Merzig, au cours inférieur de la Sarre, a pour origine une colonie romaine et fut, jadis, la capitale lorraine et la capitale de l'archevêché-électorat de Trèves.

▼ 7

„MUSTERLÄNDLE"

Vom Neckar zum Bodensee

"MUSTERLÄNDLE"
From the Neckar to Lake Constance

«LÄNDLE MODÈLE»
Du Neckar au lac de Constance

Vom Neckar zum Bodensee

From the Neckar to Lake Constance

Du Neckar au lac de Constance

D

Wald, Wein und Wasser sind drei wesentliche Merkmale von Baden-Württemberg: Odenwald und Schwarzwald, Badischer Weißherbst und Württembergischer Trollinger und der Bodensee, das württembergische Binnenmeer, das der Rhein durchfließt. Zu den bedeutenden Flüssen, die das Land durchqueren, gehören außerdem die Donau und der Neckar. Es ist das Land, das Dichter wie den großen Klassiker Friedrich Schiller oder den Märchenerzähler Wilhelm Hauff hervorgebracht und inspiriert hat.

Schaffe, schaffe, Häusle baue" heißt die Devise im Schwabenland um die Landeshauptstadt Stuttgart herum. Industriekonzerne wie Mercedes Benz sind hier beheimatet, aber auch Unternehmen der Elektro- und der optischen Industrie, wo das handwerkliche Geschick der Goldschmiede und Uhrmacher sehr gefragt ist. Letztere stammen aus den Tälern des Schwarzwaldes, der mit seinen dunklen Wäldern Anziehungspunkt für Wanderer, Erholungssuchende und Ausflügler ist.

Im Osten begrenzt den Schwarzwald die Schwäbische Alb – gebildet aus Muschelkalk vom Grunde des Meeres. Vor 150 Millionen Jahren war das gesamte Gebiet mit Wasser bedeckt. Überbleibsel ist nur noch der Bodensee. Auch das deutsche „Musterländle" ist reich gesegnet mit herrlichen Schlössern und prachtvollen Kirchen, mit romantischen Städten wie Heidelberg und Freiburg, wo Studenten aus vielen Ländern nicht nur gepaukt haben.

GB

Woodlands, wines and water are the three main features of Baden-Württemberg: Odenwald and Black Forest; Baden Weißherbst and Württemberg Trollinger wines; Lake Constance, Württemberg's inland sea through which the Rhine flows. The Danube and the Neckar also belong to the most important rivers that traverse this state. This is the state that produced and inspired such poets as the great classic author Friedrich Schiller, or the story-teller Wilhelm Hauff.

Schaffe, schaffe, Häusle baue" (work, work to build a little house) is the motto in the Swabian area around the state capital of Stuttgart. Industrial groups such as Mercedes Benz are at home here, as well as electrical and optical enterprises, where the craftmanship of goldsmiths and watch-makers is required. The latter came from the valleys in the Black Forest with its dark woodlands that attract hikers, recreation-seekers and day-trippers.

The Schwäbische Alb (Swabian Jura), consisting of oceanic shell limestone, forms the eastern frontier of the Black Forest. 150 million years ago this whole region was below sea-level, Lake Constance being the only reminder of this era. The "Musterländle" has an abundance of splendid palaces and magnificent churches as well as romantic towns such as Heidelberg and Freiburg, to where students from all over the world did not just come to swot for exams.

F

Forêt, vin et eau sont trois caractéristiques essentielles de Bade Wurtemberg: Odenwald et Forêt Noire, rosé badois et Trollinger wurtembergeois et le lac de Constance, lac intérieur wurtembergeois arrosé par le Rhin. Le Danube et le Neckar comptent, de plus, parmi les fleuves importants qui traversent la région. C'est le Land qui a produit et inspiré des poètes tels que le grand poète classique Friedrich Schiller et le conteur de légendes Wilhelm Hauff.

Schaffe, schaffe Häusle baue», «travailleur, tu seras et une maison, tu construiras» est la devise en Souabe, tout autour de Stuttgart, capitale du Land. Des consortiums industriels tel que Mercedes Benz sont domiciliés dans cette région mais aussi des entreprises de l'industrie électrique et optique où l'habilité artisanale du joailler et de l'horloger est très demandée. Ces derniers sont originaires des vallées de la Forêt Noire, qui est, de par ses sombres bois, le point d'attraction pour les touristes.

A l'est, la Forêt Noire est bordée par le Jura souabe – constitué de calcaire conchylien provenant du fond des mers. Il y a 150 millions d'années, l'ensemble de la région était recouverte d'eau. Le lac de Constance en est le seul vestige. De même, ce «Ländle modèle» allemand est comblé de nombreux châteaux splendides et églises magnifiques, de villes romantiques telles que Heidelberg et Fribourg, où les étudiants originaires de nombreux pays n'y ont pas seulement bûché.

D

(Seite 202, links)
Ein Zentrum der berühmten alemannischen Fastnacht, hier „Fasnet" genannt, ist Rottweil.

(Mitte)
Auch in Zell am Hamersbach wird die Fasnet-Tradition des Schwarzwaldes gepflegt.

(rechts)
Die Rottweiler „Narrensprünge" mit ihren traditionellen Masken.

(Seite 203)
Felsen aus Muschelkalk in der Schwäbischen Alb.

GB

(page 202, left)
Rottweil is the centre of the famous Alemannic shrovetide which is called "Fasnet" here.

(centre)
The traditional Fasnet, also celebrated in Zell am Hamersbach.

(right)
The Rottweil "Narrensprung" (Fool's Dance) with the traditional masks.

(page 203)
Limestone ridges in the Schwäbische Alb.

F

(page 201, gauche)
Centre du célèbre carnaval alémanique, surnommé ici «Fasnet», est Rottweil.

(centre)
Les habitants de Zell au bord du Hamersbach s'adonnent également à la tradition du Fasnet, propre à la Forêt Noire.

(droite)
Les «Narrensprünge» (bonds des foux) de Rottweil, avec leurs masques traditionnels.

(page 203)
Falaises en calcaire conchylien dans le Jura souabe.

▲ 1

▲ 2

▼ 3

▬ D ▬

▶ **1** Exotisch mutet die Moschee im Park des Schlosses von Schwetzingen an, eine der vielen Sehenswürdigkeiten der von Kurfürst Karl Theodor geschaffenen Gartenanlage.

▶ **2** Der aus Tirol stammende Zwerg Perkeo, hier als Eckfigur zu sehen, war um 1720 der trinkfreudige Hofnarr des Heidelberger Kurfürsten Karl Philipp.

▶ **3** Im Ottheinrichsbau des Heidelberger Schlosses befindet sich ein Apothekenmuseum mit originalgetreuer alter Einrichtung.

▶ **4** Überall stößt man beim Rundgang durch die alte Universitätsstadt Heidelberg auf romantische Winkel und historische Gebäude. Hier die Universitätsbibliothek.

▶ **5** Die Renaissance-Fassade des Ottheinrichsbaus im Heidelberger Schloß schmücken symbolträchtige Skulpturen, aus Heilbronner Keupersandstein gefertigt.

▶ **6** Das Heidelberger Rathaus am Ende der Fußgängerzone in der Altstadt. Der älteste, mittlere Teil stammt aus dem Jahre 1703, die beiden Seitenflügel wurden Ende des 19. Jahrhunderts gebaut.

▶ **7** Vor dem langgestreckten Flügelbau des Schwetzinger Schlosses zeigt sich der spätbarocke Schloßgarten von einer seiner schönsten Seiten. Hier fanden zur Rokokozeit rauschende Feste statt.

▬ GB ▬

▶ **1** A mosque is one of the attractions in Schwetzingen's palace gardens which were laid out by elector Karl Theodor.

▶ **2** The Tyrolese dwarf Perkeo who was fond of the bottle, here a corner figure, was elector Karl Philipp's court jestor around 1720.

▶ **3** An Apothekenmuseum with an original workshop can be seen in the Ottheinrich building (Heidelberg's palace).

▶ **4** There are romantic niches and historical buildings in Heidelberg. Here the University library.

▶ **5** The Renaissance facade of the Ottheinrich building within Heidelberg's palace is adorned with symbolic sculptures made from red marl sandstone from Heilbronn.

▶ **6** Heidelberg's town hall at the end of the pedestrianized zone in the old town. The oldest part in the centre was constructed in 1703, the two side wings were built at the end of the 19th century.

▶ **7** The late–baroque palace gardens are most beautiful by the long wing building of Schwetzingen's palace. Loud festivities were held here during the rococo era.

▬ F ▬

▶ **1** Une impression singulière donne la mosquée dans le parc du château de Schwetzingen; une des nombreuses curiosités des jardins du prince électeur Karl Theodor.

▶ **2** Le nain Perkeo, originaire du Tyrol, ici sa statue d'angle, fut aux environs de 1720 le bouffon enclin à la boisson du prince électeur d'Heidelberg Karl Philipp.

▶ **3** Dans le bâtiment d'Ottonhenri du château d'Heidelberg se trouve un musée de la pharmacie, aménagé dans le vieux style d'origine.

▶ **4** Une promenade à travers la vieille ville universitaire d'Heidelberg permet de découvrir des coins romantiques et des édifices historiques. Ici la bibliothèque de l'université.

▶ **5** La façade Renaissance du bâtiment d'Otton-Henri du château d'Heidelberg est ornée de sculptures riches en symboles, façonnées en grès du trias supérieur provenant d'Heilbronn.

▶ **6** L'hôtel de ville d'Heidelberg au bout de la zone piétonne de la cité. La partie centrale, la plus ancienne, date de 1703, les ailes latérales furent construites à la fin du 19. siècle.

▶ **7** Devant le château de Schwetzingen, bâtiment allongé de par ses ailes, le jardin baroque de la dernière époque se montre de son plus beau côté. Ici eurent lieu durant l'époque rococo des fêtes resplendissantes.

▲ 4

▲ 5

▼ 6

▼ 7

▲ 1

▲ 2

▼ 3

► **1** Das große Residenzschloß von Ludwigsburg: Die Außenfassade ist ganz im Stil des Barock gebaut, die Innenräume weisen dagegen unterschiedliche Stilrichtungen auf.

► **2** Die Wallfahrtskirche Schönenberg liegt in 540 m Höhe oberhalb von Ellwangen. Von ihr aus bietet sich dem Betrachter ein herrlicher Rundblick.

► **3** Vom Galgenberg in Schwäbisch Hall hat man einen schönen Blick auf die Stadt, die ihren Reichtum einer Salzquelle verdankt.

► **4** Im Zentrum von Mannheim liegt der halbrunde, 1907 im Jugendstil erbaute Friedrichsplatz mit einem alten Wasserturm.

► **1** The huge palace in Ludwigsburg: the facade was built in baroque style, the rooms inside, however, display different architectural styles.

► **2** The pilgrimage church Schönenberg lies 540 m above Ellwangen and offers a spectacular view.

► **3** One has a lovely view of the town from the "Galgenberg" (Gallows Hill) in Schwäbisch Hall, which owes its wealth to a saltwater spring.

► **4** The semicircular art nouveau Friedrichsplatz, built in 1907, and an old water tower are situated in Mannheim's centre.

▼4

▶ **1** L'imposant château princier de Ludwigsburg: La façade extérieure est en style baroque. Les pièces à l'intérieur exhibent au contraire des styles différents.

▶ **2** L'église de pèlerinage Schönenberg, à 540 m d'altitude, domine Ellwangen. De cette hauteur, l'observateur jouit d'un panorama splendide.

▶ **3** Du haut du Galgenberg, mont de Schwäbisch Hall, on a une jolie vue da la ville qui doit sa richesse à une mine de sel.

▶ **4** Au centre de Mannheim se trouve la Friedrichsplatz, place semi-circulaire construite en 1907 en style d'Art Nouveau, où se dresse un vieux château d'eau.

▲ 1   ▼ 2

▶ **1** Das Stuttgarter Staatstheater, kurz vor dem ersten Weltkrieg erbaut, ist durch Theater-, Oper- und Ballettaufführungen bekanntgeworden.

▶ **2** Von den Weingärten auf dem Killesberg hat man einen guten Ausblick auf die in einem Talkessel liegende Innenstadt Stuttgarts.

▶ **3** Mitten in Stuttgart liegt das Neue Schloß, ein Residenzschloß nach französischem Vorbild.

▶ **4** Die Neue Staatsgalerie in Stuttgart, ein futuristischer Bau des Architekten James Stirling, enthält über 4.000 Gemälde.

▶ **5** Das Schillerdenkmal in Stuttgart. Der große Dichter aus dem nahen Marbach studierte hier Medizin.

▶ **6** Im Mercedes-Benz-Museum, Stuttgart-Untertürkheim, sind unter anderem auch Modelle des berühmten „Silberpfeils" aus den 50er Jahren ausgestellt.

GB

▶ **1** Stuttgart's Staatstheater (state theatre), built just before World War I, has become well-known for its theatre, opera and ballet performances.

▶ **2** The vineyards on the Killesberg hill offer a good view of Stuttgart which lies in a basin-shaped valley.

▶ **3** The French-style "Neues Schloß" (New Palace) is situated in the centre of Stuttgart.

▶ **4** The Neue Staatsgalerie (New State Gallery) in Stuttgart, a futuristic building by the architect James Stirling, boasts over 4,000 paintings.

▶ **5** The Schiller monument in Stuttgart. The great poet from nearby Marbach studied medicine here.

▶ **6** The Mercedes-Benz Museum in Stuttgart-Untertürkheim also displays some famous "Silberpfeil" (Silver Arrow) models which were built in the 1950's.

━━ **F** ━━

▶ **1** Le théâtre national de Stuttgart, construit peu avant la Première Guerre mondiale, fut rendu célèbre par ses représentations théâtrales, ses opéras et ballets.

▶ **2** Du haut des vignes du Killesberg, on jouit d'une belle vue du centre de Stuttgart, niché dans une cuvette.

▶ **3** Au centre de Stuttgart se trouve le Nouveau Château, château princier, inspiré des châteaux français.

▶ **4** La Nouvelle Galerie Nationale de Stuttgart, construction futuriste de l'architecte James Stirling, abrite plus de 4.000 tableaux.

▶ **5** Le monument à la mémoire de Schiller à Stuttgart. Le grand poète, originaire de la proche ville de Marbach, fit ses études de médecine dans cette ville.

▶ **6** Dans le musée Mercedes-Benz de Stuttgart-Untertürkheim, des maquettes de la célèbre «Silberpfeil» (flèche d'argent) datant des annés cinquante, sont entre autre exposées.

▲ **3**

▼ **4**

▼ **5**

▼ **6**

▲ 1

▼ 2

▼ 3

▼ 4

▶ **1** Das Zisterzienserkloster in Maulbronn verdankt seinen Standort einem Maultier: Es hielt hier an einer Quelle an.

▶ **2** Die Stadtpfarrkirche von Karlsruhe besitzt einen klassizistischen Säulenvorbau nach dem Vorbild des Pantheon in Rom.

▶ **3** Bad Liebenzell im nördlichen Schwarzwald erhielt seine Bedeutung durch eine im 14. Jahrhundert entdeckte Thermalquelle.

▶ **4** Charakteristisch für den Schwarzwald sind hochgelegene, stille Waldweiher wie der Mummelsee (Foto), der Wild- und der Feldsee.

▶ **5** Von der Klosteranlage in Hirsau (erbaut ab 1082 n. Ch.) blieben nur Teile des Kreuzganges als Ruine erhalten.

▶ **6** Das Spielcasino in der weltberühmten Kurstadt Baden-Baden ist das größte und älteste (1854) in Deutschland.

▶ **7** Das Rastätter Schloß wurde um 1700 von einem italienischen Baumeister nach dem Vorbild des Versailler Schlosses errichtet.

▶ **1** The Cistercian monastery in Maulbronn owes its site to a mule that stopped here to drink from a well.

▶ **2** Karlsruhe's town parish church owns a classical colonnade front resembling Rome's Pantheon.

▶ **3** Bad Liebenzell, in the northern part of the Black Forest, acquired its significance from hot springs that were discovered in the 14th century.

► **4** Quiet forest ponds lying high up in the forest, such as the Mummelsee (photo), the Wildsee and the Feldsee are characteristic of the Black Forest.

► **5** Only parts of the cloister in the Hirsau monastery (built from 1082 A.D.) have been preserved as ruins.

► **6** The casino in the famous health-spa Baden-Baden is Germany's largest and oldest casino (1854).

► **7** The castle in Rastatt was built around 1700 by an Italian architect and modelled on Versailles.

═══ **F** ═══

► **1** Le monastère cistercien de Maulbronn doit son emplacement à une mule: elle s'arrêta ici à une source.

► **2** L'église paroissiale de Karlsruhe possède un avant-corps classique à colonnes, semblabe à celui du Panthéon de Rome.

► **3** Bad Liebenzell, dans la partie septentrionale de la Forêt Noire, doit son importance à une source thermale, découverte au 14. siècle.

► **4** Typique de la Forêt Noire sont les étangs tranquilles, situés en altitude, tels que le Mummelsee, lac aux nénuphars (photo), le Wildsee, lac sauvage, et le Feldsee, lac champêtre.

► **5** Du monastère d'Hirsau, dont la construction débuta en 1082 après J.-C., n'existe aujourd'hui qu'une partie des ruines du cloître.

► **6** Le casino de Baden-Baden, ville thermale célèbre dans le monde entier, est le plus grand et le plus ancien d'Allemagne (1854).

► **7** Le château de Rastatt fut construit aux environs de 1700 par un architecte italien qui s'inspirât du château de Versailles.

▲ 5

▼ 7

▼ 6

▲1

▼2

▼3

▼4

▼5

▬ D ▬

▶ **1** Die Hohenzollernburg in Hechingen war das Stamm-schloß der preußischen Könige. 1867 wurde sie nach den alten Plänen wieder aufgebaut.

▶ **2** Baulicher Höhepunkt des malerischen Marktplatzes von Tübingen ist das bemalte Renaissance-Rathaus mit astro-nomischer Uhr.

▶ **3** Eine der schönsten deut-schen Quellen ist der sagenum-wobene „Blautopf" in Blaubeu-ren. Hier entspringt der Fluß Blau.

▶ **4** Die Kleinstadt Bad Urach in der Schwäbischen Alb besitzt ein großes Fachwerk-Rathaus aus dem späten Mittelalter.

▶ **5** Die noch schmale junge Donau ist in der Nähe des Schlosses Bronnen bei Beuron besonders idyllisch.

▶ **6** Malerisch rahmen die Kalk-steinfelsen der Schwäbischen Alb das Donautal zwischen Tutt-lingen und Sigmaringen ein.

▶ **7** Es ist ihm kaum anzuse-hen, doch der Turm des erst 1890 vollendeten Ulmer Mün-sters ist der höchste Kirchturm (161 m) der Welt.

▬ GB ▬

▶ **1** The Hohenzollern castle in Hechingen was the ancestral castle of the Prussian kings. It was reconstructed in 1867 according to the old plans.

▶ **2** The painted Renaissance town hall with its astronomical clock is an architectural attrac-tion on Tübingen's market place.

▶ **3** The legendary "Blautopf" (Blue Pot) is one of Germany's most beautiful springs. The source of the river Blau is here.

▶ **4** The small town of Bad Urach in the Schwäbische Alb boasts a large, half-timbered, late-medieval town hall.

▶ **5** The still narrow Danube is especially idyllic near Bronnen castle in Beuron.

▶ **6** The limestone cliffs of the Schwäbische Alb picturesquely frame the Danube valley between Tuttlingen and Sigmaringen.

▶ **7** One would not think so, but the tower of Ulm cathedral, built in 1890, is the world's highest church tower (161 m).

▬ F ▬

▶ **1** Le château d'Hohenzollern à Hechingen, reconstruit en 1867 d'après les plans d'origine, fut le lieu de résidence des rois prussiens.

▶ **2** Le chef-d'œuvre architec-tural de la pittoresque place du marché de Tübingen est l'hôtel de ville coloré de style Renais-sance et son horloge astrono-mique.

▶ **3** Une des plus jolies sour-ces d'Allemagne est le «Blau-topf» (pot bleu) de Blaubeuren, objet de bien de légendes. C'est ici que le fleuve Blau prend sa source.

▶ **4** La petite ville de Bad Urach, située dans le Jura souabe, possède un imposant hôtel de ville à colombage, datant de la fin du Moyen-Age.

▶ **5** Le Danube, encore étroit aux environs du château de Bronnen près de Beuron, est particulièrement idyllique.

▶ **6** Les falaises calcaires du Jura souabe encadrent de manière pittoresque la vallée du Donau entre Tuttlingen et Sigmaringen.

▶ **7** Bien qu'à peine visible, la tour de la cathédrale d'Ulm, achevée en 1890, est le plus haut clocher du monde (161 m).

▲ 6

▼ 7

▲ 1

▼ 2

▲ 3

▼ 4

D

▶ **1** Das gotische Münster „Unser Lieben Frau" ist das Wahrzeichen von Freiburg im Breisgau. Von besonderer Schönheit ist der mit filigranem Steinflechtwerk gekrönte Hauptturm.

▶ **2** In dem roten historischen Kaufhaus in Freiburg befand sich ursprünglich die Marktverwaltung. Die kaiserlichen Figuren schmücken von außen den Festsaal.

▶ **3** Die Pfarrkirche Mariä Himmelfahrt in St. Märgen brannte zwischen 1430 und 1907 insgesamt viermal ab. Zuletzt wurde sie im Stil des 18. Jahrhunderts wieder aufgebaut.

▶ **4** „Es steht eine Mühle im Schwarzwäldertal": Östlich von St. Märgen befindet sich eine Mühle mit zwei Mühlrädern.

▶ **5** Im Schwarzwaldhaus, hier sind zwei im Münstertal zu sehen, sind Menschen, Vieh und Ernte zusammen in einem Gebäude untergebracht. Das vorgezogene Walmdach dient als Wetterschutz.

▶ **6** Weil die Gutach bei Triberg als Wasserfall rund 170 m tief und wild in die Tiefe stürzt, wird sie vom Volksmund auch „Wutach" genannt.

▶ **7** 14 Wollkugeln schmücken den traditionellen „Bollenhut" der Schwarzwaldmädel. Rote Bollen trägt die unverheiratete Frau, schwarz sind sie bei der verheirateten.

GB

▶ **1** The Gothic cathedral "Unser Lieben Frau" (Our Lady) is the landmark of Freiburg im Breisgau. The main tower with its filigree stone wattling is most beautiful.

▶ **2** The market administration used to house in the red, historical Kaufhaus (merchants' hall) in Freiburg. Imperial figures decorate the outside of the ceremonial hall.

3 The parish church Maria Himmelfahrt in St. Märgen burned down four times between 1430 and 1907. After the last time it was reconstructed in 18th century style.

4 "Es steht eine Mühle im Schwarzwäldertal" (a mill stands in the Black Forest valley): to the east of St. Märgen stands a mill with two mill-wheels.

5 In a Schwarzwaldhaus (Black Forest house), here two of them in the Münster valley, people and livestock all live in the same building. The hip roof serves as a protection against exposure.

6 The Gutach waterfall near Triberg wildly plunges 170 m over the cliffs and is therefore called the "Wutach" (Wut = rage) in the vernacular dialect.

7 Fourteen woollen balls top the traditional "Bollenhut" of the Black Forest women. Single women wear red "Bollen", and married women wear black "Bollen".

━ **F** ━

1 La cathédrale gothique «Notre Dame» est l'emblème de Fribourg-en-Brisgau. La tour principale couronnée d'un trellis filigrane en pierre est d'une beauté particulière.

2 Le grand magasin historique rouge de Fribourg abrita à l'origine son service administratif. Les statues impériales ornent l'extérieur de la salle des fêtes.

3 L'église paroissiale de l'Assomption à St. Märgen fut, de 1430 à 1907, quatre fois victime d'un incendie. Elle fut reconstruite, en dernier lieu, dans le style du 18. siècle.

4 «Il y a un moulin dans la vallée de la Forêt Noire». A l'est de St. Märgen se dresse un moulin à deux roues.

5 La maison de la Forêt Noire, ici deux exemplaires à admirer à Münstertal, abrite les gens, le bétail et la récolte dans le même bâtiment. Les combes en croupe protègent des intempéries.

6 La cascade de Gutach près de Triberg dévale avec fureur une hauteur de 170 m et est surnommée pour cette raison dans le langage courant «Wutach» (Wut = fureur).

7 14 boules de laines ornent le chapeau traditionnel bulbeux «Bollenhut» des jeunes femmes de la Forêt Noire. Les boules rouges sont portées par les célibataires, les noires par les femmes mariées.

▲ 5   ▼ 6

▼ 7

▲ 1 ▼ 2 ▼ 3

D

▶ **1** Das „Schwäbische Meer", der Bodensee, gehört geographisch und wirtschaftlich auch zu den Nachbarländern Österreich und Schweiz.

▶ **2** Im malerischen Bodenseestädtchen Meersburg fühlt man sich im Sommer in südliche Breiten versetzt.

▶ **3** Die Wallfahrtskirche St. Maria in Birnau ist die am reichsten ausgestattete Barockkirche im Bodensee-Raum.

▶ **4** St. Maria liegt ähnlich einem Schloß inmitten von Weinbergen am Hochufer des Überlinger Sees.

▶ **5** Pfahlbauten aus vorgeschichtlicher Zeit zeigt das einzigartige Freilichtmuseum in Unteruhldingen am Bodensee.

▶ **6** Ein Pflanzen- und Blumenparadies ist die Insel Mainau, sorgsam gehegt und gepflegt von ihrem Eigentümer Graf Bernadotte.

GB

▶ **1** Because of its geographical position, the "Swabian Sea" (Lake Constance) also belongs to the neighbouring countries of Austria and Switzerland.

▶ **2** The picturesque little town of Meersburg on Lake Constance has the air of southern latitudes during the summer months.

▶ **3** The pilgrimage church of St. Maria in Birnau is the most richly furnished baroque church in the vicinity of Lake Constance.

▶ **4** Similar to a castle, St. Maria lies amidst vineyards on the high banks of Überling lake.

▶ **5** Prehistoric lake-dwellings are on display in the unique open-air museum in Unteruhldingen on Lake Constance.

▶ **6** Mainau is a paradise island of plants and flowers that is cherished and protected by its owner Count Bernadotte.

F

▶ **1** La «mer souabe», le lac de Constance, appartient aussi au plan géographique et économique aux pays avoisinants de l'Autriche et de la Suisse.

▶ **2** Dans la petite ville pittoresque du lac de Constance Meersburg, on se sent en été transférér vers des latitudes méridionales.

▶ **3** L'église de pèlerinage St. Marie à Birnau est l'église baroque de la région du lac de Constance la plus richement décorée.

▶ **4** St. Marie se dresse, pareil à un château, au milieu de vignes, au bord de la rive haute du lac d'Überlingen.

▶ **5** Le Freilichtmuseum, curieux musée d'Unteruhldingen au bord du lac de Constance, montre des cités lacustres datant de l'époque préhistorique.

▶ **6** L'île de Mainau est un paradis pour les plantes et les fleurs, choyées par leur propriétaire le comte Bernadotte.

▲ **6**   ▼ **5**

▼ **4**

LEBENSART

Frankenland

A WAY OF LIFE
Franconia

DU SAVOIR VIVRE
Franconie

Frankenland

Franconia

Franconie

D

Das Frankenland ist eine Region, die gerne feiert, wozu der vollmundige Frankenwein, der in die originellen dickbäuchigen Bocksbeutel-Flaschen abgefüllt wird, einen wesentlichen Beitrag leistet. Hinzu kommt die feierliche Atmosphäre prächtiger historischer Bau- und Kunstwerke. Die Landschaften selbst sind im Vergleich mit anderen deutschen Ländern weniger attraktiv, sieht man mal vom Maintal mit seinen Weinbergen und von der Fränkischen Schweiz mit ihren steilen Felsgruppen und tiefeingeschnittenen Tälern ab. Es ist oft, vornehmlich im Steigerwald und auf der Fränkischen Alb, nur dünnbesiedeltes Land.

Dazwischen erstrahlen glanzvolle Metropolen, deren Wiederaufbau nach dem zweiten Weltkrieg oft an ein Wunder grenzt: Würzburg mit seinen Residenzen und Kirchen, Nürnberg mit seiner Burg und den malerischen Winkeln am Fluß Pegnitz. Mit Würzburg und der Region verbinden sich auch die Namen des Baumeisters Balthasar Neumann und des Bildhauers und -schnitzers Tilman Riemenschneider. Hinzu kommen die Wagnerstadt Bayreuth mit ihrer musikalischen Ausstrahlung und das kunstreiche Bamberg an der Regnitz.

Die Romantische Straße mit der Perle Rothenburg ob der Tauber ist mit ihren unversehrten historischen Stadtbildern eine Attraktion weit über Deutschland hinaus, aber nicht das einzige romantische Reiseziel: Im Spessart liegt verborgen das Wasserschloß Mespelbrunn.

GB

Franconia is a region that likes to celebrate, and the full-bodied Franconian wines, filled into original pot-bellied bottles, contribute to these festivities substantially. In addition, there is the festive atmosphere of magnificent historical buildings and works of art. Apart from the Main valley with its vineyards, and Franconian Switzerland with its steep cliffs and yawning valleys, the landscapes here are not as attractive as in other German states. In general, there is only sparsely populated land, especially in the Steigerwald forest and in the Franconian Alps.

In between, rising resplendently, are magnificent cities whose reconstruction after World War II was often miraculous: Würzburg with its residences and churches, Nürnberg and its castle, and the picturesque retreats along the river Pegnitz. Famous names, such as the architect Balthasar Neumann and the sculptor and wood-carver Tilman Riemenschneider, are linked to Würzburg and this region. The Wagner-town of Bayreuth has a musical aura, and Bamberg on the Regnitz is full of art.

Including the little pearl of Rothenburg ob der Tauber, the Romantic Route and its towns with intact historical features, is an attraction even outside Germany. But it is not the only romantic area: the delightful Mespelbrunn castle and moat also lies in the Spessart, its public house achieving fame through Hauff's fairy-tale and Kurt Hoffmann's film.

F

La Franconie est une région qui fête de bon cœur et où le vin velouté, embouteillé dans les curieux flacons pansus (Bocksbeutel), tient une place importante. A cela s'ajoute l'atmosphère solennelle des magnifiques édifices et chefs-d'œuvre historiques. Comparés aux autres régions de l'Allemagne, les paysages sont moins attrayants, abstraction faite de la vallée du Main et de ses vignobles ainsi que de la Suisse franconienne aux falaises abruptes et aux vallées profondes. Ce n'est souvent, particulièrement dans le Steigerwald et dans le Jura franconien, qu'un pays dont la population est clairsemée.

Entre ces deux régions resplendissent de magnifiques métropoles: Wurtzbourg avec ses résidences et églises, Nuremberg avec son château fort et les coins pittoresques au bord du fleuve Pegnitz. Avec la ville de Wurtzbourg et sa région s'associent également les noms de l'architecte Balthasar Neumann et du sculpteur sur pierre et sur bois, Tilman Riemenschneider. A cela s'ajoute la ville de Wagner Bayreuth avec son rayonnement musical et la ville d'art de Bamberg au bord de la Regnitz.

La route romantique avec Rothembourg sur la Tauber, perle aux quartiers historiques intacts, est une attraction célèbre au-delà des frontières de l'Allemagne mais pas le seul but touristique romantique: Dans le Spessart se cache le ravissant château de Mespelbrunn, assis sur le bord de l'eau.

(Seite 220, links)
Den Hofgarten von Bayreuth
schmücken steinerne Statuen.

(Mitte)
Auf dem Sonnentempel im Ere-
mitage-Park bei Bayreuth zügelt
Apoll seine vergoldeten Pferde.

(rechts)
Das Standbild von Kunigunde in
Bamberg. Sie war die Ehefrau
von Kaiser Heinrich II.

(Seite 221)
Die Klosterkirche des Augusti-
nerstifts in Münnerstadt.

GB

(page 220, left)
The palace garden in Bayreuth
is adorned with stone statues.

(centre)
In the Eremitage (Hermitage)
Park near Bayreuth, Apollo bri-
dles his golden horses on the
Sonnentempel (Sun Temple).

(right)
The statue of Kunigunde in
Bamberg. She was Kaiser
Heinrich II's wife.

(page 221)
The church in the Augustin
monastery in Münnerstadt.

F

(page 220, gauche)
Le jardin du château de
Bayreuth est orné de statues
en pierre.

(centre)
Sur le temple du soleil, dans le
parc de l'Ermitage près de Bayreuth, Apollon tient en bride ses
chevaux dorés.

(droite)
La statue de Cunégonde à
Bamberg. Elle fut l'épouse de
l'empereur Henri II.

(page 221)
L'église du couvent augustin de
Münnerstadt.

D

▶ **1** In rotem Sandstein „strahlt" das großartige Renaissance-Schloß Johannisburg in Aschaffenburg.

▶ **2** Eines der romantischsten deutschen Wasserschlösser ist Mespelbrunn im Elsavatal im Spessart, Sitz der Grafen von Ingelheim.

▶ **3** Zu Ehren der Kurgäste aus Rußland wurde 1897 in Bad Kissingen in der Salinenstraße eine russisch-orthodoxe Kirche erbaut.

▶ **4** Weinlese in Escherndorf bei Würzburg. Aus den Trauben wird der herbe Frankenwein gemacht.

▶ **5** Der Spessart wurde durch das Märchen vom „Wirtshaus im Spessart" von Wilhelm Hauff berühmt.

▶ **6** Seit 1641 wird in Münnerstadt vor Fachwerkhaus-Kulissen das Heimatspiel von der „Schutzfrau" aufgeführt.

▬ GB ▬

▶ **1** The "shining", red sandstone Renaissance palace Johannisburg in Aschaffenburg.

▶ **2** One of the most romantic German moated castles and home of the counts of Ingelheim is Mespelbrunn in the Elsava valley in the Spessart region.

▶ **3** A Russian-Orthodox church was built in 1897 in Bad Kissingen's Salinenstraße (Saline Street) in honour of Russian spa-visitors.

▶ **4** Gathering the grapes in Eschendorf near Würzburg. Dry Franconian wine is made from the grapes.

▶ **5** The story of the "Public House in the Spessart" has made the Spessart forest so famous.

▶ **6** The Heimatspiel (homeland play) about the "Schutzfrau" (protecting woman) has been staged in front of this scenery of half-timbered houses in Münnerstadt since 1641.

▬ F ▬

▶ **1** Le splendide château Renaissance Johannisburg à Aschaffenbourg «rayonne» en grès rouge.

▶ **2** Un des châteaux allemands les plus romantiques, assis sur le bord de l'eau, est Mespelbrunn dans l'Elsavatal, vallée du Spessart, siège du comte d'Ingelheim.

▶ **3** En l'honneur des curistes originaires de Russie, une èglise russe-orthodoxe fut construite, en 1897, dans la rue saline de Bad Kissingen.

▶ **4** Vendange à Escherndorf près de Wurtzbourg. C'est à partir des grappes que l'on fait le vin franconien au goût âpre.

▶ **5** La forêt du Spessart; elle fut rendue célèbre par la légende de «l'auberge du Spessart», écrite par Wilhelm Hauff.

▶ **6** La pièce de théâtre la «Schutzfrau», suzeraine, est jouée, depuis 1641, dans la ville de Münnerstadt devant les coulisses des maisons à colombage.

▲ 3

▼ 4

▼ 5

▼ 6

▲ 1

▼ 2

▼ 3

▼ 4

D

▶ **1** Die mehrfach umgebaute Festung Marienberg über dem linken Mainufer in Würzburg war einst der Sitz der Würzburger Bischöfe.

▶ **2** Die Fürstbischöfliche Residenz von Würzburg. Das Treppenhaus wurde von Balthasar Neumann errichtet, der Freskenschmuck stammt von Tiepolo.

▶ **3** Der berühmte Bamberger Reiter ist ein meisterhaftes mittelalterliches Standbild im Dom von Bamberg.

▶ **4** „Klein Venedig" nennen die Bamberger liebevoll ihr malerisches altes Fischerviertel am linken Arm des Flusses Regnitz.

▶ **5** Erst im Luftbild erschließt sich die Insellage des Alten Rathauses in Bamberg zwischen bischöflicher und bürgerlicher Stadt ganz.

▶ **6** Schon Napoleon bewunderte die Würzburger Residenz, deren stilvoller Hofgarten zu abwechslungsreichen Spaziergängen einlädt.

GB

▶ **1** The Marienburg fortress, which has been altered several times and is sited on the left-hand side of the Main, was once the seat of Würzburg's bishops.

▶ **2** The residence of Würzburg's prince-bishops. The staircase was built by Balthasar Neumann, the ceiling painting is by Tiepolo.

▶ **3** The famous "Bamberger Reiter" (Bamberg Knight) is an excellent medieval statue in Bamberg's cathedral.

▶ **4** "Little Venice" is the name affectionately given to Bamberg's picturesque old fishing district, sited on the left tributary of the river Regnitz.

▲ 6 ▼ 5

▶ **5** Bamberg's old town hall, perched on an island between the ecclesiastical quarter and the merchants' town, is really only fully revealed on an aerial photograph.

▶ **6** Even Napoleon admired the Würzburg residence palace. The stylish grounds invite to varying walks.

━ F ━

▶ **1** La forteresse de Marienberg, maintes fois transformée, dominant à Wurtzbourg la rive gauche du Main, fut jadis le siège des évêques de Wurtzbourg.

▶ **2** La résidence du prince-évêque de Wurtzbourg. L'escalier fut construit par Balthasar Neumann, les fresques sont de Tiepolo.

▶ **3** Le célèbre cavalier de Bamberg est une parfaite statue médiévale, située dans la cathédrale de Bamberg.

▶ **4** «Petite Venise» est le surnom donné affectueusement par les habitants de Bamberg à leur vieux quartier pittoresque de pêcheurs, au bord du bras gauche du Regnitz.

▶ **5** Seul une vue aérienne permet de vraiment comprendre la position insulaire du vieil hôtel de ville de Bamberg, situé entre la ville épiscopale et bourgeoise.

▶ **6** Napoléon fut, de son temps, un admirateur de la Résidence de Wurtzbourg dont le jardin de grand style invite à des promenades variées.

► **1** Im Bayreuther Festspielhaus finden seit 1876 alljährlich die Wagner-Festspiele statt.

► **2** Im Alten Schloß von Bayreuth, ursprünglich aus dem 13. Jh. residieren heute die Beamten des Finanzamts.

► **3** Unter Markgraf Friedrich (auf dem Brunnen vor dem Neuen Schloß) wurde Bayreuth im 18. Jh. eine glanzvolle Residenzstadt.

► **4** Das Markgräfliche Opernhaus in Bayreuth wurde von Guiseppe und Carlo Galli da Bibiena im spätbarocken Stil gestaltet.

► **5** Der „Zwiebelmarkt" vor dem Rathaus ist ein Anziehungspunkt in Bad Königshofen bei Coburg.

▲ **1**

▼ **2** ▼ **4**

▼ **3**

▶ **6** Hofheim-Ostheim ist typisch für die reizvollen Dörfer in Unterfranken zwischen Schweinfurt und Bamberg.

▶ **7** Die ehemalige „Canzley" (Kanzlei) bildet einen beherrschenden Blickpunkt auf dem Marktplatz der alten Residenzstadt Coburg.

▬ GB ▬

▶ **1** The annual Wagner Festival has taken place in the Bayreuth Festspielhaus (Festival hall) since 1876.

▶ **2** Bayreuth's Altes Schloß (Old Palace) goes back to the 14th century and is, today, the residence of the civil servants of the inland revenue.

▶ **3** Bayreuth became a magnificent residence town during the 18th century under the rule of Margrave Friedrich (on the fountain in front of the Neuen Schloß).

▶ **4** The late-baroque Markgräfliches Opernhaus (Margrave opera house) in Bayreuth was designed by Guiseppe and Carlo Galli da Bibiena.

▶ **5** The "Zwiebelmarkt" (onion market) is a main attraction in front of the town hall in Bad Königshofen near Coburg.

▶ **6** Hofheim-Ostheim is typical of the attractive villages between Schweinfurt and Bamberg in Lower Franconia.

▶ **7** The former "Canzley" (chancellery) is a dominating feature of the market place in the old residence town of Coburg.

▲ **5**

▬ F ▬

▶ **1** Dans la salle de gala de Bayreuth ont lieu chaque année depuis 1876 les festivals de Wagner.

▶ **2** Dans le Vieux Château de Bayreuth, datant du 13 siècle, résident aujourd'hui les fonctionnaires du fisc.

▶ **3** Sous le marquis Frédéric (à admirer sur la fontaine devant le Nouveau Château), Bayreuth fut au 18. siècle une magnifique capitale princière.

▶ **4** L'opéra margrave, située à Bayreuth, fut construite par Guiseppe et Carlo Galli da Bibiena en style baroque de la dernière époque.

▶ **5** Le «Zwiebelmarkt» (marché aux oignons), devant l'hôtel de ville, est un point d'attraction à Bad Königshofen près de Coburg.

▶ **6** Hofheim-Ostheim est l'emblème des ravissants villages de Basse-Franconie, situés entre Schweinfurt et Bamberg.

▶ **7** L'ancienne «Canzley» (chancellerie) offre un point de vue captivant sur la place du marché de la vieille ville princière de Coburg.

▲ **6**

▼ **7**

▲ 1 ▼ 2 ▼ 3

▼ 4

D

▶ **1** Märchenhaft wirkt die nächtlich angestrahlte Silhouette der Burgstadt von Nürnberg.

▶ **2** Der „Engelsgruß" von Veit Stoß gehört zu den unermeßlichen Kunstschätzen in der Nürnberger Lorenzkirche.

▶ **3** Der Winkel am Henkersteg mit dem Weinstadl auf der Pegnitz-Insel, ist eine der schönsten Partien in der Nürnberger Altstadt.

▶ **4** Beim Spaziergang auf der 2,5 km langen begehbaren Stadtmauer kann man diesen schönen Dachgiebel in Rothenburg ob der Tauber entdecken.

▶ **5** Der berühmte Holzschnitzer Tilman Riemenschneider schuf 1504 den Heiligblutaltar in der St. Jakobskirche von Rothenburg.

▶ **6** In Rothenburg gibt es gleich zwei Rathäuser nebeneinander: eines im Renaissancestil und eines im gotischen (Turm im Hintergrund) Stil erbaut.

GB

▶ **1** Illuminated at night, the fabulous silhouette of the castle town Nürnberg.

▶ **2** The "Engelsgruß" (Annunciation) by Veit Stoß belongs to the untold art treasures in Nürnberg's Lorenzkirche (church of St. Lawrence).

▶ **3** The corner of Henkersteg (Hangman's gangway) with the Weinstadl on Pegnitz Island is one of the most delightful parts of Nürnberg's old town.

▶ **4** These wonderful gables in Rothenburg ob der Tauber can be seen along the 2.5 km town walls which one can walk along.

▶ **5** Tilman Riemenschneider, the famous wood-carver, created the Heiligblutaltar (Holy Blood altar, 1504) in Rothenburg's St. Jakob church.

▶ **6** There are two neighbouring town halls in Rothenburg: one in Renaissance style and the other in Gothic style (the tower in the background).

F

▶ **1** La nuit, la silhouette illuminée de la ville fortifiée de Nuremberg semble féerique.

▶ **2** Le «Engelsgruß» (l'angélus) de Veit Stoß compte parmi les formidables œuvres d'art de l'église St. Laurent à Nuremberg.

▶ **3** Le coin am Henkersteg, sentier du bourreau, avec la Weinstadl sur l'île de Pegnitz, est un des plus jolis quartiers de la vieille cité de Nuremberg.

▶ **4** Une promenade autour de l'enceinte praticable de la ville, longue de 2,5 km, permet de découvrir, à Rothembourg sur la Tauber, ce beau toît à pignon.

▶ **5** Le célèbre sculpteur sur bois, Tilman Riemenschneider, créa en 1504 l'autel du Saint Sang de l'église St. Jacob de Rothembourg.

▶ **6** A Rothembourg se dressent deux hôtels de ville l'un à côté de l'autre: un construit en style Renaissance et un en style gothique (tour, à l'arrière-plan).

▲ **5**

▼ **6**

PRACHTVOLL BIS IDYLLISCH

Niederbayern

FROM MAGNIFICENT TO RURAL
Lower Bavaria

SPLENDIDE, SI CE N'EST IDYLLIQUE
La Bavière Méridionale

Niederbayern

Lower Bavaria

La Bavière Méridionale

D

Die bayerische Hochebene zwischen den Städten Augsburg, München, Passau und Regensburg ist durch eine abwechslungsreiche Landschaft von Äckern und Wäldern, unterbrochen von Dörfern mit Zwiebelturm-Kirchen, geprägt. Sie findet nach Nordosten, jenseits der schon breit der österreichischen Grenze zuströmenden Donau, ihren natürlichen Abschluß im Bayerischen Wald.

Diese Region ist, wenn man von den Alpen absieht, eigentlich der Inbegriff dessen, was sich mit dem Namen Bayern verbindet: glanzvolle Städte, barocke Kirchen und Klöster, deftiges Landleben mit würzigen Bieren, aus dem Hopfen der Hallertau, auch „Holledau" genannt, aber auch hartes handwerkliches Ringen um die Existenz in den ehedem armen Gegenden des Bayerischen Waldes.

Und über allem erhebt sich, schon an den Ausläufern der mächtigen Alpen gelegen, die Landeshauptstadt München. Lange Zeit wurde sie auch die „heimliche Hauptstadt Deutschlands" genannt. Mit ihrem reichen kulturellen Angebot an Theatern und Museen, ihren großartigen Bauwerken vom barocken Nymphenburger Schloß bis zum hochmodernen Olympiastadion und nicht zuletzt dem zwischen Fasching und Oktoberfest von lauschigen Biergärten geprägten Lebensstil ist München eine Perle unter Deutschlands Städten. Ihr Glanz wird von der Attraktivität der sie umgebenden Städte ergänzt.

GB

The Bavarian plateau between the towns of Augsburg, Munich, Passau and Regensburg is characterised by its varying agricultural and forest landscapes, which are separated by villages and their churches with bulbous spires. The region's limits in the north-east are marked by the Bavarian Forest on the other side of the Danube, which broadly flows towards the Austrian border.

Apart from the Alps, this region truly is the essence of everything connected with the Bavarian name: splendid towns, baroque churches and monasteries, hearty country life with spicy beers brewed from hops from the Hallertau, also known as the "Holledau", but also the hard struggle to make a living in the once poor areas of the Bavarian Forest.

On the outskirts of the mighty Alps rises, the state capital Munich. For a long time it was also called "Germany's secret capital". The cultural life offered by theatres and museums, the magnificent buildings such as the baroque Nymphenburg palace or the modern Olympic stadium, and last but not least, the life-style between Fasching (carnival) and the Oktoberfest characterised by cosy beer gardens, all make Munich a pearl amongst German cities. Its glory is supplemented by the attractive towns in the surrounding area, whereby the whole region of Lower Bavaria possesses a unique aura, even beyond the German borders.

F

Le plateau bavarois, situé entre les villes d'Augsbourg, Munich, Passau et Regensburg est caractérisé par un paysage diversifié où les champs alternent aux forêts, pour laisser place aux villages dotés d'églises aux clochers bulbeux. Ce plateau aboutit, au nord-est, dans la Forêt bavaroise, au-delà du Danube qui, déjà bien large à la frontière autrichienne, afflue vers cette région.

Abstraction faite des Alpes, cette région incarne tout ce que l'on associe avec le nom de la Bavière: de splendides villes, des églises et monastères baroques, la vie rustique à la campagne avec ses bières aromatiques, brassées à partir du houblon de la région du Hallertau, également surnommée «Holledau», sans oublier le dure combat pour survivre dans les pauvres contrées artisanales de la Forêt bavaroise.

Munich, capitale du Land, longtemps surnommée «capitale secrète de l'Allemagne», avec l'imposante chaîne des Alpes en arrière-plan, trône sur cette région. L'importante offre culturelle de ses théâtres et musées, ses ouvrages d'architecture grandioses allant du château baroque de Nymphenburg au stade olympique ultramoderne et sans compter le style de vie, dominé entre la période du carnaval et la Fête d'octobre, par les brasseries aux paisibles jardins, ont élevé Munich au rang de perle parmi les villes allemandes. La splendeur de la ville est renforcée par l'attractivité des villes environnantes.

■ D ■

(Seite 232, links)
Der Marienbrunnen in Altötting.

(Mitte)
Bei Bierbrauern begehrt: Hop-
fendolden aus der Holledau.

(rechts)
Das jährliche Münchner Oktoberfest ist auch ein Treffpunkt für
einheimische Trachtenträger.

(Seite 233)
Das mächtige Ingolstädter
Schloß beherbergt das älteste
deutsche Militärmuseum.

■ GB ■

(page 232, left)
The Marienbrunnen (Virgin's
Fountain)

(centre)
The hop umbels from the
Holledau, sought after by
breweries.

(right)
The annual Munich Oktoberfest
is also a meeting place for
natives wearing traditional
costumes.

(page 233)
The castle in Ingolstadt shelters
the oldest German military
museum.

■ F ■

(page 232, gauche)
La fontaine de la Vierge de
Altötting.

(centre)
Le houblon de la région du
Holledau convoité par les
brasseurs.

(droite)
La fête d'octobre de Munich est
aussi un lieu de rencontre pour
les autochtones, porteurs de
costumes folkloriques.

(page 233)
Le château d'Ingoldstadt, abrite
le plus ancien musée militaire
allemand.

▲ 1

▼ 2

▼ 3

▼ 4

▲ 5

▶ 6

▲ 7

D

▶ **1** Die Steinerne Brücke (links) führte einst den Nord-Süd-Handelsweg über die Donau auf den Regensburger Dom, das Wahrzeichen der Stadt zu.

▶ **2** König Ludwig I. ließ auf dem Michelsberg in Kelheim zur Erinnerung an die Befreiungskriege gegen Napoleon einen Rundtempel errichten.

▶ **3** Der wichtigste Kulturträger Regensburgs ist der berühmte Chor der Domspatzen, der aus der Singschule des Doms entstanden ist.

▶ **4** Das repräsentative Alte Rathaus von Regensburg, in dem 1663-1806 Reichstagssitzungen stattfanden, zeugt vom früheren Reichtum der Stadt.

▶ **5** Im Inneren des stolzen Augsburger Rathauses ragt der Goldene Saal drei Stockwerke hoch auf. Den Rathausplatz ziert der Augustusbrunnen.

▶ **6** An einer Donauschleife bei Kelheim liegt malerisch das Kloster Weltenburg mit der barocken Klosterkirche St. Georg und St. Martin.

▶ **7** In der Fuggerei der reichen Augsburger Familie Fugger finden seit dem 16. Jh. bedürftige Bürger eine preiswerte Wohnung.

GB

▶ **1** The Steinerne Brücke (Stone Bridge, left) once lead the North-South-Trading Route across the Danube towards the Regensburg cathedral, the landmark of the town.

▶ **2** King Ludwig I. erected a round temple on the Michelsberg in Kelheim in remembrance of the liberation wars against Napoleon.

▶ **3** Regensburg's most important cultural upholder is the famous Domspatzen choir which developed from the cathedral's singing school.

▶ **4** Regensburg's significant Old Town Hall, in which the Reichstag used to hold its meetings (1663–1806), testifies the former wealth of the town.

▶ **5** The Goldener Saal (Golden Hall) towers three stories high inside Augsburg's stately town hall. The fountain Augustusbrunnen adorns the town hall square.

▶ **6** The Weltenburg monastery, with the baroque monastery church St. Georg and St. Martin, lies picturesquely near a bend in the Danube, close to Kelheim.

▶ **7** The Fuggerei, a housing estate which used to belong to the rich Augsburg Fugger family, has been a modest home to needy citizens since the 16th century.

F

▶ **1** Le pont de pierre (à gauche) conduisait, jadis, la route commerçante nord-sud, au dessus du Danube, vers la cathédrale de Regensburg, emblème de la ville.

▶ **2** En souvenir des guerres d'Indépendance contre Napoléon, le roi Louis I. fit construire sur le mont Michel, à Kelheim, un temple circulaire.

▶ **3** Le plus important pilier culturel de Regensburg est le célèbre chœur «Domspatzen» provenant de l'école de chants de la cathédrale.

▶ **4** Le vieil hôtel de ville de Regensburg, d'aspect imposant, où eurent lieu de 1663 à 1803 les réunions de la diète de l'Empire, témoigne de l'ancienne richesse de la ville.

▶ **5** A l'intérieur du magnifique hôtel de ville d'Augsbourg, s'élève la salle d'or sur trois étages. La fontaine St. Auguste orne la place de l'hôtel de ville.

▶ **6** Dans une boucle du Danube, près de Kelheim, se trouve la pittoresque abbaye de Weltenburg avec son église baroque St. George et St. Martin.

▶ **7** Dans la «Fuggerei», cité fondée par la riche famille augsbourgeoise Fugger, les citoyens démunis y trouvent, depuis le seizième siècle, un logement de prix modéré.

▲ 1

▲ 2 ▼ 3

▼ 4

▲ 5   ▼ 6

▬ D ▬

▶ **1** Das Renaissanceschloß Burg Trausnitz in der Altstadt von Landshut besitzt einen schönen Arkadenhof.

▶ **2** Die Gnadenkapelle in Altötting mit der „Schwarzen Madonna" ist das bedeutendste bayerische Wallfahrtsziel.

▶ **3** Ein großes Ereignis für Landshut ist die alle vier Jahre stattfindende große historische „Fürstenhochzeit".

▶ **4** Das Martinsmünster mit seinem 131 m hohen schlanken Turm bestimmt schon von weitem das Landshuter Stadtbild.

▶ **5** In der „Drei-Flüsse-Stadt" Passau münden der Inn und die Ilz in die Donau. Der Dom St. Stephan (links) wurde von Italienern geschaffen.

▶ **6** Im Passauer Dom befindet sich die größte Kirchenorgel der Welt.

▬ GB ▬

▶ **1** The Renaissance Trausnitz castle in Landshut's old town houses a beautiful galleried courtyard.

▶ **2** The Gnadenkapelle (Goodwill Chapel) in Altötting with the "Black Madonna" is the most significant Bavarian place of pilgrimage.

▶ **3** The historical "Fürstenhochzeit" (Prince's Wedding), which is celebrated once every four years, is a great event in Landshut.

▶ **4** Even from afar, the church of St. Martin with its 131 m high, thin tower determines the character of the town of Landshut.

▶ **5** The Inn and the Ilz flow into the Danube in the "Three-Rivers-Town" of Passau. The St. Stephan cathedral (left) was built by Italians.

▶ **6** The world's largest church organ can be found in the cathedral in Passau.

▬ F ▬

▶ **1** Le château fort de style Renaissance Trausnitz, situé au cœur de la vieille cité de Landshut, possède une jolie cour en arcade.

▶ **2** La chapelle miraculeuse de Altötting avec sa «Vierge Noire» est le lieu de pèlerinage le plus important de Bavière.

▶ **3** Un événement important pour la ville de Landshut est le grand «mariage princier» historique qui a lieu tous les quatre ans.

▶ **4** La cathédrale St. Martin avec sa tour élancée d'une hauteur de 131 m, domine déjà de loin la physionomie de la ville de Landshut.

▶ **5** Dans «La ville aux trois fleuves» Passau, le Inn et le Ilz se jettent dans le Danube. La cathédrale St. Stéphane (à gauche) fut construite par des italiens.

▶ **6** Dans la cathédrale de Passau se trouve la plus grande orgue du monde.

▲ 1   ▼ 2   ▼ 3

◄ 4   ▲ 5   ▼ 6

D

▶ **1** Die Pfarrkirche von Neukirchen beim Heiligen Blut ist ein traditionsreicher Wallfahrtsort im Bayerischen Wald.

▶ **2** Der malerische See unterhalb des Arber, des höchsten Bergs im Bayerischen Wald, lädt zu Kahn- und Tretbootfahrten ein.

▶ **3** Im Glasmuseum von Frauenau bei Zwiesel erhält man einen lehrreichen Eindruck von der Kunst des Glasblasens.

▶ **4** Vom Gipfelkreuz des 1.452 m hohen Rachel kann man den Blick über die stille Landschaft des Bayerischen Waldes schweifen lassen.

▶ **5** Besonders reizvoll ist die Winterlandschaft rund um den Kleinen und den Großen Arber im Hohen Bayerischen Wald.

▶ **6** Grafenau an der alten „Gulden Straß" ist zu allen Jahreszeiten ein wichtiger Fremdenverkehrsort im Bayerischen Wald.

GB

▶ **1** The parish church in Neukirchen near "Heiliges Blut" is a Bavarian place of pilgrimage full of tradition.

▶ **2** The picturesque lake at the foot of the Arber, the highest mountain in the Bavarian Forest, invites to canoe and paddle-boat trips.

▶ **3** The instructive Glass Museum in Frauenau near Zwiesel demonstrates the art of glass-blowing.

▶ **4** From the cross on the summit of the 1,452 m high Rachel one has a panoramic view over the quiet landscape of the Bavarian Forest.

▶ **5** The winter landscape around the Small and the Great Arber in the Bavarian Forest is especially charming.

▶ **6** Grafenau on the old "Gulden Straß" (Florin Road) in the Bavarian Forest is an important tourist town all year round.

F

▶ **1** L'église paroissiale de Neukirchen près de la station thermale «Heiliges Blut» est un lieu de pèlerinage traditionnel, situé dans la Forêt bavaroise.

▶ **2** Le pittoresque lac au pied du Arber, montagne la plus élevée de la Forêt bavaroise, invite aux excursions en barque et en pédalo.

▶ **3** L'intéressant musée du verre de Frauenau près de Zwiesel instruit de l'art de souffler le verre.

▶ **4** Du haut du mont Rachel atteignant une hauteur de 1.452 m, on peut laisser errer le regard sur le calme paysage de la Forêt bavaroise.

▶ **5** Particulièrement attrayant est le paysage hivernal tout autour du Petit et du Grand Arber, monts de la haute Forêt bavaroise.

▶ **6** Grafenau, au bord de la vieille route de florin «Gulden Straß» est, en toute saison, un important lieu touristique de la Forêt bavaroise.

▲ 1 ▼ 2 ▼ 3

▶ **3** Am Rande des beliebten Viktualienmarkts steht ein Abbild des berühmten Münchner Originals Karl Valentin als Brunnenfigur.

▶ **4** Vom Olympiaturm aus blickt man auf den 1972 eröffneten Münchner Olympiapark und seine architektonisch beispielhaften Zeltdächer.

▶ **5** Hier kaufen Einheimische und auch Touristen gerne frisches Obst, Gemüse und Blumen ein: der Viktualienmarkt im Herzen der Altstadt Münchens.

▶ **6** Täglich um 11 Uhr – im Sommer auch um 17 Uhr – erklingt das kostbare Hochzeits-Glockenspiel am Münchner Neuen Rathaus.

▶ **7** Die Bierstadt München erlebt ihren Höhepunkt alljährlich auf der „Wiesn" beim Oktoberfest.

▶ **8** An der Ostseite des Marienplatzes steht das Alte Rathaus von München mit dem völlig wiederaufgebauten Turm aus dem Jahre 1392.

▬ GB ▬

▶ **1** From the tower of the church "Alter Peter" (Old Peter) one has an impressive view of the church "Frauenkirche" and of the town hall in Munich.

▶ **2** Munich's stately street Ludwigstraße is over-towered by the parish church St. Ludwig which was built in 1829 for König Ludwig II.

▶ **3** A fountain figure representing the famous Munich comedian Karl Valentin can be found on the popular "Viktualienmarkt" (victuals market).

▶ **4** From the Olympia Tower one looks onto the Munich Olympia Park (opened in 1972) and its exemplary, architectural tent-like roofs.

▬ D ▬

▶ **1** Vom Turm der Kirche Alter Peter aus genießt man einen eindrucksvollen Blick auf die Frauenkirche und das Rathaus von München.

▶ **2** Die repräsentative Münchner Ludwigstraße wird von der 1829 für König Ludwig I. erbauten Pfarrkirche St. Ludwig überragt.

▶ **5**   Natives and tourists like to buy fresh fruit, vegetables and flowers here. The Viktualienmarket in the centre of Munich's old town.

▶ **6**   Every day at 11am – also at 5pm during the summer – the valuable Wedding Chimes ring out from Munich's New Town Hall.

▶ **7**   Life in the beer-town of Munich reaches its climax on the "Wiesn" (meadows) during the Oktoberfest.

▶ **8**   Munich's Old Town Hall, with its completely restored tower dating back to 1392, stands on the eastern side of the Marienplatz.

— **F** —

▶ **1**   Du haut du clocher Vieux Pierre, on jouit d'une vue impressionnante de l'église Notre-Dame et de l'hôtel de ville de Munich.

▶ **2**   La Ludwigstraße, rue imposante de Munich, est dominée par l'église paroissiale St. Louis construite en 1829 pour le roi Louis I.

▶ **3**   Au bord du fameux marché aux victuailles, se dresse à la fontaine la statue de Karl Valentin, le célèbre comique et original de Munich.

▶ **4**   Du haut de la tour olympique, une vue du parc olympique de Munich, inauguré en 1972, et de ses toits en pavillon, dont l'architecture est unique.

▶ **5**   Sur le marché aux victuailles, situé au cœur de la vieille cité de Munich, les autochtones ainsi que les touristes se ravitaillent volontiers en fruits, légumes et fleurs frais.

▶ **6**   Chaque jour à 11 heures – en été également à 17 heures – retentit le précieux carillon nuptial du nouvel hôtel de ville de Munich.

▲ 4   ▼ 5   ▼ 6

▼ 7

▼ 8

▶ **7**   Munich, renommée pour sa bière, a son point culminant, chaque année, sur le «Pré» où a lieu la Fête d'octobre.

▶ **8**   A l'est de la place de la Vierge se dresse le vieil hôtel de ville de Munich avec sa tour datant de 1392 qui fut entièrement reconstruite.

▲ 1   ▼ 2

▶ **1** Schloß Nymphenburg: Herzog Ferdinand Maria hat es 1664 seiner Frau zur Geburt des Thronfolgers geschenkt.

▶ **2** Ein Musterbeispiel moderner Beton-Glas-Architektur ist das BMW-Verwaltungshochhaus in München.

▶ **3** Eine Kuriosität im Münchner Englischen Garten: der hölzerne „Chinesische Turm".

▶ **4** Unterhalb vom „Chinesischen Turm" liegt ein besonders beliebter Biergarten, wie man sieht.

▶ **5** Im modernen Museumsbau der Neuen Pinakothek in München sind deutsche Maler des 19. Jhs. zu sehen.

▶ **1** The Nymphenburg palace. Duke Ferdinand Maria gave it to his wife as a present on the birth of the heir apparent in 1664.

▶ **2** The BMW-administration skyscraper in Munich is a model example of modern concrete-glass architecture.

▶ **3** A rarity in the "Englischer Garten" (English Garden): the wooden "Chinesischer Turm" (Chinese Tower).

▶ **4** As one can see, a popular beer garden can be found at the foot of the "Chinese Tower".

▶ **5** Munich's modern Museum building "Neue Pinakothek" houses 19th century German art.

▶ **1** Le château de Nymphenburg. Le duc Ferdinand Maria en fit cadeau en 1664 à sa femme, à l'occasion de la naissance de l'héritier de la couronne.

▶ **2** Le bâtiment administratif du constructeur automobile BMW, situé à Munich, est un exemple frappant d'architecture moderne en béton et verre.

▶ **3** Une curiosité du Jardin Anglais de Munich: «la Tour Chinoise» en bois.

▶ **4** Comme en témoigne cette photo, une brasserie en plein air très fréquentée se trouve au pied de la «Tour Chinoise».

▶ **5** Dans le musée de conception moderne de la Nouvelle Pinacothèque, située à Munich, on peut admirer les œuvres des peintres allemands du 19. siècle.

▲ **3**

▼ **4**

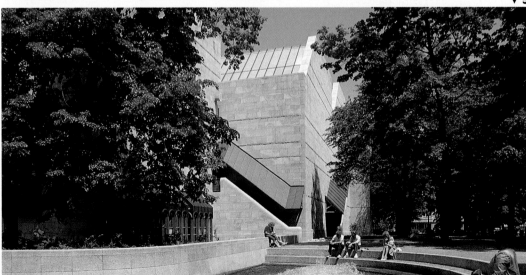

▼ **5**

NATUR FÜR ANSPRUCHSVOLLE

Am Fuße der Alpen

A CHALLENGING LANDSCAPE
At the foot of the Alps

NATURE POUR EXIGEANT
Au pied des Alpes

Am Fuße der Alpen

At the foot of the Alps

Au pied des Alpes

D

Zu Deutschland gehört nur ein kleiner Teil der Alpen, doch mit dem fruchtbaren und geschichtsträchtigen, hügeligen und seenreichen Alpenvorland des Allgäus und Oberbayerns ein besonders attraktiver. Zahlreiche beliebte Urlaubsorte schmiegen sich an die Ausläufer der Alpen oder erstrecken sich in ihre Täler hinein. Im Sommer sind sie Luftkurorte und Ausgangspunkte für Wanderungen und Kletterpartien, im Winter Zentren des Skisports.

Einer ihrer Höhepunkte ist der Geigenbauerort Mittenwald. Andere Höhepunkte, auch im wahrsten Wortsinne, sind die Zugspitze als Deutschlands höchster Berg und Schloß Neuschwanstein als Sinnbild verschwenderischer Phantasie eines verträumten Königs. Ludwig II. hat der Landschaft seines Landes noch andere architektonische Kronen aufgesetzt, darunter die Schlösser Herrenchiemsee und Linderhof.

Die Frömmigkeit dieser Region findet alle zehn Jahre einen Höhepunkt in den Oberammergauer Festspielen. Kirchen und Klöster in den prachtvollen Stilrichtungen des Barock und des Rokoko bis hin zum fotogenen und vielgemalten Kirchlein in Ramsau sind weitere Zeugnisse der Gläubigen hier. Glaube und Lebenslust finden hier oft in Eintracht zusammen in den alten Klosterbrauereien. Der Süden Deutschlands ist geprägt von den urzeitlichen Naturgewalten der Alpenentfaltung und der Gletscherwanderung, deren Werk die Moränenhügel und vielen Seen sind.

GB

Only a small part of the Alps belongs to Germany, but it is an especially beautiful part with the fertile, hilly alpine foreland full of history and lakes in the Allgäu and Upper Bavaria. Numerous popular holiday resorts hug the spurs of the Alps or reach down into the valleys. During the summer months these are health resorts and hiking departure points, and in the winter they are the skiing centres.

One of the main attractions is the violin-makers town of Mittenwald. Other attractions include the Zugspitze, Germany's highest mountain, and Neuschwanstein castle, symbolic of a dreamy king's extravagent phantasies. This king, Ludwig II, also crowned his Bavaria with other architectural laurels, such as the Herrenchiemsee and Linderhof castles.

The piety of this region reaches its climax with the Oberammergau plays which take place once every ten years. Magnificent baroque and rococo churches and monasteries, such as the photogenic little church in Ramsau that appears in many paintings, are further proof of the region's devoutness, although faith and vivacity often come together in the old monastery breweries. It truly is a picture-book landscape that closes the south of Germany – a landscape that has been characterized by the prehistoric forces of nature that formed the Alps and caused the glacier movement which created the moraine hills and numerous lakes.

F

Une toute petite partie des Alpes appartient à l'Allemagne qui est, cependant, d'une grande attractivité engendrée par les Alpes de l'Allgäu et de haute Bavière, régions fertiles, au riche patrimoine historique, dotées d'un terrain accidenté aux nombreux lacs. Un grand nombre de lieux de vacances très fréquentés se blottissent aux contreforts des Alpes ou s'étendent dans la vallée. En été, ce sont des stations climatiques et des points de départ pour les excursions et l'alpinisme, en hiver des centres de sport d'hiver.

De grande renommée, est la ville des luthiers Mittenwald. Le Zugspitze, montagne la plus élevée d'Allemagne, et le château de Neuschwanstein qui symbolise les visions dépensières d'un roi enclin à la rêverie, comptent aussi, au sens littéral, parmi les points culminants. Louis II en question, a couronné le paysage de sa Bavière natale de maints autres joyaux architecturaux tels que les châteaux d'Herrenchiemsee et Linderhof.

La piété de cette région connaît son apogée, tous les dix ans, lors des festivals d'Oberammergau. Eglises et monastères, construits dans le splendide style baroque et rococo ainsi que la petite église de Ramsau, souvent photographiée et peinte, témoignent également de la religiosité de cette contrée. L'Allemagne prend sa fin au sud, à l'origine de la formation des Alpes, et des déplacements des glaciers qui donnèrent naissance aux collines de moraines et de nombreux lacs.

(Seite 246, links)
Ein vergoldeter Springbrunnen schmückt das Bassin vor Schloß Linderhof im Graswangtal.

(Mitte)
Ludwig II. ließ sein kleinstes Schloß, Linderhof, 1870–78 im Rokokostil erbauen.

(rechts)
Das kunstvolle Schild eines Wirtshauses in Garmisch-Partenkirchen zeigt einen Postillon.

(Seite 247)
Das „Märchenschloß" Neuschwanstein bei Füssen.

GB

(page 246, left)
A golden fountain adorns the basin in front of Linderhof palace in the Graswang valley.

(centre)
Ludwig II built his smallest palace, the rococo Linderhof, between 1870 and 1878.

(right)
This pub sign in Garmisch-Partenkirchen depicts a postilion.

(page 247)
The "fairy-tale" Neuschwanstein castle near Füssen.

F

(page 246, gauche)
Une fontaine jaillissante dorée orne le bassin situé devant le château de Linderhof dans la vallée de Graswang.

(centre)
Louis II fit construire son plus petit château, Linderhof, de 1870 à 1878 en style rococo.

(droite)
La magnifique enseigne d'une auberge de Garmisch-Partenkirchen représente un postillon.

(page 247)
Le «château féerique» de Neuschwanstein près de Füssen.

▲ 1 ▼ 2 ▼ 3

▼ 4

D

▶ **1** Pfronten im Allgäu ist als Luftkurort und Skizentrum beliebt. Die Pfarrkirche St. Nikolaus ist sein Wahrzeichen.

▶ **2** Als erste barocke Kirche in Süddeutschland nach dem 30jährigen Krieg wurde die Basilika St. Lorenz in Kempten erbaut.

▶ **3** „Viehscheid" heißt der Almabtrieb der Kühe im September, der hier im Alpendorf Gunzesried festlich geschmückt begangen wird.

▶ **4** Hindelang ist ein heilklimatischer Kurort mit Kneipp- und Schwefelmoorbädern, im Bild ist der Ortsteil Bad Oberdorf zu sehen.

▶ **5** Abenddämmerung und Sonnenuntergang am Alpensee in Bühl.

▼ 5

▰ GB ▰

▶ **1** Pfronten in the Allgäu is a popular health and ski resort. The parish-church St. Nikolaus is its landmark.

▶ **2** The St. Lorenz church in Kempten was the first baroque church to be built in southern Germany after the Thirty Years War.

▶ **3** The driving of the cattle down from the Alps in September is called "Viehscheid" and is a festive time in the alpine village of Gunzesried.

▶ **4** Hindelang is a health resort with Kneipp and sulphur moor baths. The photograph shows the village of Bad Oberdorf.

▶ **5** Evening twilight and sunset by lake Alpensee in Bühl.

▰ F ▰

▶ **1** Pfronten dans l'Allgäu est une station climatique et un centre de ski apprécié. L'église paroissiale de St. Nicolas en est l'emblème.

▶ **2** La basilique St. Laurent de Kempten fut la première église baroque construite au sud de l'Allemagne après la Guerre de Trente ans.

▶ **3** Les vaches rentrent à l'étable en septembre. Ce rapatriement du bétail «Viehscheid» est solennellement célébré dans le village des Alpes Gunzesried.

▶ **4** Hindelang est une station thermale thérapeutique aux bains de soufre et aux bains d'après la méthode de Kneipp; sur cette photo le quartier de Bad Oberdorf.

▶ **5** Crépuscule et coucher de soleil sur le lac alpin de Bühl.

▲ **1**　　　▼ **2**　▼ **3**

▼ **4**

D

▶ **1**　Zu den baulichen Kunstschätzen der Bayerischen Alpen zählt das Benediktinerkloster Ettal mit der Kirche Mariä Himmelfahrt.

▶ **2**　Die Wieskirche ist der vollendetste Kirchenbau des Rokoko in Bayern. Ihr Inneres schmücken Fresken von Johann Baptist Zimmermann.

▶ **3**　Am Ufer des Lech in Füssen erheben sich die im venezianischen Stil erbaute Klosterkirche St. Mang und das Hohe Schloß.

▶ **4**　Ludwig II. verbrachte seine Kindheit auf dem Schloß Hohenschwangau.

▶ **5**　Blick vom malerischen Eibsee beim Kurort Grainau auf die Zugspitze, Deutschlands höchsten Berg (2.963 m).

▶ **6**　Den Gipfel der Zugspitze, hier das Gipfelkreuz, erreicht man von Grainau aus mit einer Großkabinen-Seilbahn.

▶ **7**　In den Oberammergauer Passionsspielen werden Leiden und Tod von Christus dargestellt.

GB

▶ **1**　The Benedictine monastery Ettal with its church Mariä Himmelfahrt (Assumption) is one of the architectural treasures in the Bavarian Alps.

▶ **2**　The Wieskirche is Bavaria's most accomplished rococo church building. The inside is decorated with frescos by Johann Baptist Zimmermann.

▶ **3**　The Venetian-style monastery church St. Mang and the Hohe Schloß (High Castle) tower high on the banks of the river Lech near Füssen.

▶ **4**　Ludwig II spent his childhood at Hohenschwangau castle.

▶ **5**　View from the picturesque Eibsee lake near the health resort Grainau onto the Zugspitze, Germany's highest mountain (2,963 m).

▶ **6**　The summit of the Zugspitze – here the summit cross – can be reached by cable-car from Grainau.

▶ **7**　The suffering and death of Christ is depicted in the Oberammergau passion plays.

▲ 5

▼ 6

▼ 7

▬ F ▬

▶ **1** Le monastère bénédictin d'Ettal avec son église de l'Assomption compte parmi les joyaux architecturaux des Alpes bavaroises.

▶ **2** La Wieskirche est la plus parfaite église de style rococo située en Bavière. Des fresques de Jean-Baptiste Zimmermann en décorent l'intérieur.

▶ **3** Sur la rive du Lech à Füssen se dressent le monastère St. Mang construit en style vénitien et le Hohes Schloß, Haut Château.

▶ **4** Louis II a passé son enfance au château de Hohenschwangau.

▶ **5** A partir du pittoresque Eibsee, lac situé près de la station thermale de Grainau, une vue du Zugspitze, la montagne la plus élevée d'Allemagne (2.963 m).

▶ **6** On atteint le sommet du Zugspitze, sur cette photo son crucifix, à partir de Grainau au moyen d'un téléphérique aux cabines spacieuses.

▶ **7** Les mystères de la Passion d'Oberammergau retracent les souffrances et la mort du Christ.

D

▶ **1** Wasserburg, wie eine Halbinsel vom Inn umgeben, hat seinen Reiz einer mittelalterlichen Stadtanlage bewahrt.

▶ **2** Im Jahre 1684 gründete Matthias Klotz in Mittenwald den Geigenbau. Durch ihn wurde Mittenwald als Zentrum des Geigenbaus weltberühmt.

▶ **3** Auch die Holzschnitzkunst ist in Mittenwald beheimatet und wird in einer Schnitzwerkstatt des Heimatmuseums vorgeführt.

▶ **4** Mittenwald liegt am Fuße des mächtigen Karwendelmassivs. Im Vordergrund die Barockkirche St. Peter und Paul.

▶ **5** Eine Kutschfahrt durch den international bekannten Kur- und Wintersportort Garmisch-Partenkirchen.

▶ **6** Bad Tölz ist mit der Maria-Hilf-Kirche und dem Kalvarienberg ein beliebter Wallfahrtsort. Hier eine Prozession.

▶ **7** Rottach-Egern am Tegernsee. Treffpunkt vieler Berühmtheiten und letzte Ruhestätte für andere „Große" wie Ludwig Thoma, Heinrich Spoerl und Ludwig Ganghofer.

GB

▶ **1** Not unlike a peninsular and surrounded by the river Inn, Wasserburg has been able to retain its medieval charm.

▶ **2** Matthias Klotz founded 1684 the craft of violin-making in Mittenwald. The town is a famous centre of violin-making.

▶ **3** The craft of wood-carving is also at home in Mittenwald, and is demonstrated in a workshop in the Heimatmuseum (Homeland museum).

▶ **4** Mittenwald is situated at the foot of the mighty Karwendel massif. The baroque church of St. Peter and Paul at the front.

▶ **5** A carriage ride through the world-famous health and winter sports town of Garmisch-Partenkirchen.

▶ **6** Bad Tölz, with its Maria-Hilf church and the Kalvarienberg (Mount Calvary), is a popular place of pilgrimage. Here a procession.

▶ **7** Rottach-Egern on the Tegernsee lake – the meeting-place of numerous famous people and the resting place for other "greats", such as Ludwig Thoma, Heinrich Spoerl and Ludwig Ganghofer.

F

▶ **1** Wasserburg, ville semblable à une presqu'île entourée par le Inn, a su conserver son charme médiéval.

▶ **2** Matthias Klotz fonda dans la ville de Mittenwald, en 1684, la lutherie. Grâce à lui, Mittenwald devint le centre de la lutherie, célèbre dans le monde entier.

▶ **3** L'art de la sculpture sur bois est aussi originaire de Mittenwald et est présenté dans l'atelier du musée folklorique.

▶ **4** Mittenwald est située au pied de l'impressionnant massif de Karwendel. Au premier plan, les églises baroques de St. Pierre et Paul.

◀ 1   ▲ 2

▲ 3   ▲ 4   ▼ 5   ▼ 7

▼ 6

▶ **5** Une promenade en calèche à travers Garmisch-Partenkirchen, centre de sport d'hiver et station thermale célèbre dans le monde entier.

▶ **6** Bad Tölz est, avec l'église St. Marie et le calvaire, un lieu de pèlerinage très fréquenté. Ici, une procession.

▶ **7** Rottach-Egern au bord du Tegernsee. Point de rencontre de nombreuses célébrités et dernière demeure pour d'autres «grands» de ce monde tels que Ludwig Thoma, Heinrich Spoerl et Ludwig Ganghofer.

▲ 1   ▼ 2

6 Gegen den Abendhimmel hebt sich die Silhouette des Klosters Seeon ab. Es liegt auf einer Insel im Klostersee.

===== **GB** =====

▶ **1** A Benedictine convent, founded over 1200 years ago, is situated on the romantic island Frauenchiemsee (women's island) in the Chiemsee lake.

▶ **2** The photogenic "little church" in Ramsau. Its full name is "St. Fabian and St. Sebastian" and it dates back to 1512.

▶ **3** The 18th century baroque pilgrimage church Maria Gern in Berchtesgaden is well-worth a visit – even in winter.

▶ **4** Berchtesgaden owes its wealth to salt. During the Third Reich it acquired dubious fame due to Hitler's stronghold Obersalzberg.

▶ **5** The Watzmann – its middle point is 2,713 m high – dominates the National Park to the north of the Königssee in the Berchtesgadener Land.

▶ **6** The silhouette of the Seeon monastery is set off against the evening skies. It lies on an island in the Klostersee (monastery lake).

===== **F** =====

▶ **1** Sur l'île romantique de Frauenchiemsee du lac de Chiemsee se dresse un cloître de Bénédictines, construit il y a plus de 1200 ans.

▶ **2** La «Kirchlein», petite église souvent photographiée de Ramsau, porte en vérité le nom de «St. Fabien et St. Sébastien» et date de 1512.

▶ **3** Un but d'excursion de Berchtesgaden qui en vaut même la peine en hiver, est l'église de pèlerinage baroque Maria Gern, datant du 18. siècle.

===== **D** =====

▶ **1** Auf der romantischen Insel Frauenchiemsee im Chiemsee steht ein schon vor über 1200 Jahren gegründetes Benediktinerinnenkloster.

▶ **2** Das vielfotografierte „Kirchlein" von Ramsau heißt mit vollem Namen „St. Fabian und St. Sebastian" und stammt aus dem Jahre 1512.

▶ **3** Ein lohnendes Ausflugsziel von Berchtesgaden auch im Winter ist die barocke Wallfahrtskirche Maria Gern aus dem 18. Jh.

▶ **4** Berchtesgaden ist durch das Salz reich geworden. Im Dritten Reich erlangte es zweifelhaften Ruhm durch Hitlers Feste Obersalzberg.

▶ **5** Der Watzmann, seine Mittelspitze ist 2.713 m hoch, beherrscht den Nationalpark des Berchtesgadener Landes oberhalb vom Königssee.

▶ **4** Berchtesgaden s'est enri-
chie grâce au sel. Sous l'Allemagne hitlérienne, la ville obtint
une renommée douteuse à
cause de la forteresse d'Hitler
Obersalzberg.

▶ **5** Le Watzmann dont le sommet moyen atteint 2.713 m,
domine le parc national de la
région de Berchtesgaden, en
amont du Königssee.

▶ **6** La silhouette du monastère de Seeon se détache au
crépuscule. Il se trouve sur une
île du Klostersee.

▲ **3**

▲ **4**

▼ **5**

▼ **6**